浙江省习近平新时代中国特色社会主义思想研究中心省委党校基地

中共浙江省委党校浙江省"八八战略"创新发展研究院

资助成果

BUILDING A PROVINCE WITH
STRONG FINANCE
EXPLORATION AND PRACTICE IN ZHEJIANG

浙江金融强省建设的
探索与实践

孙雪芬◎著

ZHEJIANG UNIVERSITY PRESS
浙江大学出版社
·杭州·

图书在版编目(CIP)数据

浙江金融强省建设的探索与实践 / 孙雪芬著. —杭州:浙江大学出版社，2024.5
ISBN 978-7-308-24944-7

Ⅰ.①浙…　Ⅱ.①孙…　Ⅲ.①地方金融事业－经济发展－研究－浙江　Ⅳ.①F832.755

中国国家版本馆 CIP 数据核字(2024)第 092758 号

浙江金融强省建设的探索与实践
ZHEJIANG JINRONG QIANGSHENG JIANSHE DE TANSUO YU SHIJIAN

孙雪芬　著

责任编辑	陈　翮
责任校对	丁沛岚
封面设计	雷建军
出版发行	浙江大学出版社
	(杭州天目山路 148 号　邮政编码 310007)
	(网址:http://www.zjupress.com)
排　　版	浙江大千时代文化传媒有限公司
印　　刷	浙江新华数码印务有限公司
开　　本	710mm×1000mm　1/16
印　　张	12.5
字　　数	180 千
版 印 次	2024 年 5 月第 1 版　2024 年 5 月第 1 次印刷
书　　号	ISBN 978-7-308-24944-7
定　　价	68.00 元

前　言

　　金融是现代经济的核心。金融活经济活,金融稳经济稳。必须充分认识金融在经济发展和社会生活中的重要地位与作用,切实把维护金融安全作为治国理政的一件大事,扎扎实实把金融工作做好。在2023年中央金融工作会议上,习近平总书记强调,"要加快建设金融强国,完善金融体制,优化金融服务,防范化解风险,坚定不移走中国特色金融发展之路,推动我国金融高质量发展,为以中国式现代化全面推进强国建设、民族复兴伟业提供有力支撑"①。进入新时代以来,金融在国家经济社会发展中的作用日益突出。推动实现经济高质量发展,加快融入经济发展新格局,推动中国式现代化的实现,都离不开金融进一步的改革与发展。

　　金融在区域经济活动中同样扮演着至关重要的角色。浙江要在高质量发展中奋力推进中国特色社会主义共同富裕先行和省域现代化先行,离不开区域金融要素更加有效的配置和区域金融安全的保障,离不开金融高质量发展和金融强省的建设。浙江省"十一五"金融业发展规划明确提出,要把浙江打造成"金融改革的先行区、金融发展的繁荣区、金融生态的优质区、金融运行的安全区",初步确立浙江在全国各省中的"金融强省"地位。浙江省"十二五"金融业发展规划明确提出"一个强省、两个中心"的金融发展目标,强调要推进浙江"金融强省"建设,打造"中小企业金融服务中心"和"民间财富管理中心"。

---

　　① 中央金融工作会议在北京举行[N].人民日报,2023-11-01.

浙江省"十三五"金融业发展规划提出,要进一步推进金融产业实力强和金融服务实体经济能力强的"金融强省"建设。浙江省"十四五"金融业发展规划明确提出,要把浙江基本建成高端资源集聚的金融服务战略支点、内外循环相互促进的金融要素配置枢纽,打造金融高质量发展强省和区域金融现代治理先行示范省。

近年来,浙江省金融改革与发展一直走在全国前列,大平台、新产业、制度创新、对外开放等持续推进,金融服务实体经济能力显著增强,区域金融安全得到有效保障。具体来说,以金融小镇为主要集聚载体,钱塘江金融港湾成为浙江金融要素集聚大平台;以数据能力、技术创新为重要驱动,新金融在杭州崛起,推动传统金融机构数字化发展,并引领全球金融科技创新发展;以温州、台州、宁波、丽水、衢州、杭州、嘉兴等为代表的一批国家级地方金融改革试点在浙江落地,积极推进传统金融制度创新;以义乌自贸区和舟山自贸区为代表的国家级地方金融改革试点,以打造国际金融战略枢纽为目标,不断提升区域金融开放水平。新时代新征程,全面系统总结浙江地方金融改革发展的现实路径、实践探索与主要成效,对于进一步推进浙江金融高质量发展,加快建设浙江金融强省,打造地方现代金融治理先行区等,具有重要的理论和现实意义。

本书在对相关文献以及传统金融发展理论进行梳理的基础上,探索中国特色金融发展的相关理论,深刻剖析当前中国金融发展面临的重要问题和发展方向,并进一步探讨浙江金融强省建设的实践探索。第一章"导论"阐述本书的研究背景,对国内外相关研究进行述评,并提出本书研究的主要内容、方法与创新点。第二章"相关概念及理论基础"系统梳理区域金融发展的相关概念及金融发展的理论基础,并阐述中国特色金融发展之路的理论探索。第三章"区域金融发展中的地方政府行为"基于地方政府行为的制度环境及双重属性框架,对区域金融发展中的地方政府行为进行理论分析,并进一步回顾浙江近年来区域金融发展的政府规划,分析浙江地方政府引导区域金融发展的重要举措。第四章、第五章、第六章梳理浙江金融发展的现实情况,分别总结浙江以金融供给侧结构性改革持续提升金融供给能力的探索实践、浙江增强金融服务实体经济能力的具体成效以及浙江防范化解地方各类金融风险的现实成果。第七章进一步提出新时代推动浙江金融高质量发展强省建设的具体路径选择和政策建议。

目　录

第一章　导　论 ……………………………………………………… 1

　　第一节　研究背景 ……………………………………………… 3

　　第二节　国内外相关研究述评 ………………………………… 5

　　第三节　研究内容、方法与创新点 …………………………… 12

第二章　相关概念及理论基础 …………………………………… 15

　　第一节　区域金融发展相关概念 ……………………………… 17

　　第二节　金融发展的理论基础 ………………………………… 19

　　第三节　中国特色金融发展之路的理论探索 ………………… 25

第三章　区域金融发展中的地方政府行为 ……………………… 37

　　第一节　地方政府行为的制度环境及双重属性框架 ………… 39

　　第二节　区域金融发展中地方政府行为的理论分析 ………… 44

　　第三节　浙江政府引导区域金融发展的路径及举措 ………… 52

第四章　浙江金融供给能力有效提升的实践探索 ……………… 65

　　第一节　浙江金融产业和金融机构快速发展 ………………… 67

　　第二节　依托特色金融小镇打造钱塘江金融港湾 …………… 75

　　第三节　积极打造全国新兴金融中心 ………………………… 83

第五章　浙江金融服务实体经济的实践探索 …………… 93

第一节　优化融资结构,提高直接融资比重 ………… 95

第二节　全方位的地方金融改革试点推动普惠金融发展 …… 99

第三节　科技金融体系构建成效显著 ………… 108

第六章　浙江防范化解金融风险的实践探索 ………… 119

第一节　防范化解金融风险是国家安全的重要内容 … 122

第二节　浙江近年来面临的主要区域性金融风险 ……… 132

第三节　浙江防范化解区域金融风险的地方实践 ………… 137

第七章　浙江进一步推动金融高质量发展强省建设的路径选择 … 149

第一节　加快推进浙江新兴金融中心建设 ……………… 152

第二节　以市场化改革更好发展数字普惠金融 ………… 156

第三节　积极发展科技金融服务体系 ………… 163

第四节　更好发挥地方政府在区域金融发展中的作用 …… 170

结　语 ………… 183

参考文献 ………… 186

第一章　导　论

第一节　研究背景

改革开放 40 余年来,中国特色社会主义金融体系不断完善,金融产业迅速发展壮大,金融服务实体经济能力持续增强,金融生态得以显著改善。尤其是党的十八大以来,中国金融对内对外市场化改革全方位提速,金融总体实力不断增强,中国已成为重要的世界金融大国。但同时需要看到的是,我国金融业市场结构、创新能力、经营理念和服务水平仍不适应新发展阶段经济高质量发展的新要求,仍然存在诸多矛盾和问题。2023 年召开的中央金融工作会议强调,"要加快建设金融强国,完善金融体制,优化金融服务,防范化解风险,坚定不移走中国特色金融发展之路,推动我国金融高质量发展,为以中国式现代化全面推进强国建设、民族复兴伟业提供有力支撑"[1]。

从地方金融的发展来看,以城市商业银行和农村商业银行为代表的地方金融迅速发展。1979 年,农村信用社开始成为农业银行的基层机构,这一体制一直延续到 1996 年。从 1992 年开始,分散在各地的城市信用社纷纷改组、合并为城市合作银行。从 1995 年开始,35 个大中城市纷纷组建城市合作银行,并在 1998 年后将城市合作银行改

---

[1]　中央金融工作会议在北京举行[N].人民日报,2023-11-01.

为城市商业银行。2000 年以来,农村合作银行和农村商业银行快速发展,产权关系进一步明晰。实际上,自改革开放以来,地方金融机构和金融体系不断完善,地方金融服务实体经济能力不断增强,地方金融逐步成为中国金融体系的重要力量,在解决地方中小企业融资难问题、服务实体经济等方面发挥了重要作用。然而,受制于成立时间短、管理经验不足、风险意识不强等因素,地方金融在发展中仍面临不少瓶颈。2012 年以来,在全国金融改革开放的推动下,区域性金融改革大刀阔斧地实施,区域金融发展成为政府、学界和社会关注的焦点,成为我国金融领域改革发展新的突破点。"自下而上"的地方金融改革与"自上而下"的中央层面的金融改革共同推动着新时代中国金融改革的新一轮大潮。

浙江省地方金融业一直坚持立足本地、服务当地,各项金融服务快速发展,成为推动地方经济高质量发展的重要力量。实际上,早在2007 年,浙江省"十一五"金融业发展规划就明确提出,要把浙江打造成"金融改革的先行区、金融发展的繁荣区、金融生态的优质区、金融运行的安全区",初步确立浙江在全国各省中的"金融强省"地位。浙江省"十二五"金融业发展规划明确提出"一个强省、两个中心"的金融发展目标,强调要推进浙江"金融强省"建设,打造"中小企业金融服务中心"和"民间财富管理中心"。浙江省"十三五"金融业发展规划提出着力构建"大金融"产业格局,进一步推进金融产业实力强和金融服务实体经济能力强的"金融强省"建设。浙江省"十四五"金融业发展规划明确提出,要把浙江基本建成高端资源集聚的金融服务战略支点、内外循环相互促进的金融要素配置枢纽,打造金融高质量发展强省和区域金融现代治理先行示范省。

近年来,浙江省政府积极引导推进各项国家级的地方金融改革试点,大力支持金融科技、民营银行等新的金融业态在浙江的发展,在全国区域金融改革与发展中走在前列,大平台、新产业、制度创新、对外开放等持续推进,金融服务实体经济能力显著增强,区域金融安全得到有效保障。具体来说,以金融小镇为主要集聚载体,钱塘江金融港湾成为浙江金融要素集聚大平台;以数据能力、技术创新为重要驱动,新金融在杭州崛起,推动传统金融机构的数字化转型发展,并在全球金融科技发展中走在前列;以温州、台州、宁波、丽水、杭州、嘉兴等为代表的一批国家级地方金融改革试点,积极推进传统金融制度创新;以义乌和舟山自贸区为代表的国家级地方金融改革试点,以打造国际金融战略枢纽为目标,不断提升区域金融开放水平。

党的二十大报告提出,要以中国式现代化全面推进中华民族伟大复兴,强调高质量发展是全面建设社会主义现代化国家的首要任务。中共浙江省委十五届二次全会提出,要一以贯之忠实践行"八八战略",坚决扛起中国式现代化浙江使命。要发展现代金融,做强数智金融,深化区域金融改革示范,建设区域产权交易市场体系,高水平建设具有全球影响力的新兴金融中心。在这一时代背景下,系统研究浙江地方金融改革与发展问题,对于推动浙江金融高质量发展和金融强省建设,进一步深化浙江金融供给侧结构性改革,增强地方金融服务实体经济的能力,有效防范化解区域性金融风险等,具有十分重要的理论和现实意义。

第二节　国内外相关研究述评

相较于国际金融、宏观金融领域海量的研究文献,关于地方金融的研究文献明显不足。一方面是数量相对较少,另一方面是研究内容有待深化。实际上,关于地方金融的研究,其理论依据仍然是传统的金融发展理论。以下从两个层面进行文献综述:一是金融发展理论的相关研究;二是地方金融发展的相关研究。

一、有关金融发展理论的研究

关于金融发展,学界并没有统一的、明确的概念界定。最早有关金融发展与经济发展的理论研究可以追溯到 1776 年,亚当·斯密(Adam Smith)在是年出版的著作《国民财富的性质和原因的研究》中指出了银行机构对经济发展的促进作用。而学术界一般所指的金融发展理论,最初是基于发展经济学框架逐步建立并不断丰富发展的。此后,金融发展理论在内生金融功能、新制度主义金融等领域不断拓展深化。

(一)金融发展理论的建立

20 世纪 50 年代以来,金融发展理论在发展经济学的框架下快速发展。第二次世界大战后,不少发展中国家在赢得民族独立、实施经济赶超战略的同时,也普遍实施赶超的金融发展战略,力图通过货币金融制度的变革和现代金融体系的建立,推动本国经济的增长和本国现代化的发展。在发展中国家普遍实行经济金融赶超战略的背景下,一批经济学家开始研究金融发展理论。

学界最初主要从金融发展数量和规模的角度来认识和研究金融发展,代表性的学者如美国经济学家约翰·G. 格利(John G. Gurley)和爱德华·S. 肖(Edward S. Shaw)。Gurley 和 Shaw(1955)首先提出金融发展是指金融资产数量和种类的增加,以及各类金融机构的成立。他们在专著《金融理论中的货币》中进一步提出,金融发展不仅包括各种非货币金融资产的出现及数量的增加,也体现为各种非银行金融中介机构的建立(Gurley 和 Shaw,1960)。

此后,以雷蒙德·W. 戈德史密斯(Raymond W. Goldsmith)为代表的金融学家开始基于金融结构的视角来探讨金融发展问题。戈德史密斯在其专著《金融结构与金融发展》中提出,金融发展是指金融结构的变化,强调金融结构是金融工具和金融机构的相对规模,不同金融工具和金融机构的形式、性质及相对规模共同组成一国金融结构的特征(Goldsmith,1969)。金融结构理论改变了过去单纯依靠金融数量和规模来衡量金融发展状况的局面,实现了对金融发展理论研究范畴和研究内容的突破。

1973 年,罗纳德·I. 麦金农(Ronald I. Mckinnon)和爱德华·S. 肖分别提出金融抑制理论和金融深化理论,基于宏观视角对发展中国家的金融发展问题提出了一系列理论和政策主张(Mckinnon,1973; Shaw,1973)。他们主张,发展中国家的政府对本国金融活动干预过多,如加强利率管制等,会抑制本国金融体系发展、扭曲金融资源配置,导致金融资源的有效供给相对缺乏,进而导致发展中国家的金融发展和经济增长陷入恶性循环。因此应当取消政府对金融活动的过多干预,放松利率管制,实行金融自由化。金融深化理论标志着金融发展理论的正式建立,对发展中国家的货币金融制度和金融体制变迁具有重要影响。然而,该理论仅仅关注到金融体系集聚金融资本要素的功能以及金融发展对资本形成的影响,并未关注到其通过信息生产进行资源有效配置,进而对全要素生产率和经济增长率所产生的影响。此后,有学者在他们的研究基础上进行计量检验,但是并没有实质性的发展,金融抑制理论和金融深化理论在经济学中的地位日渐式微。

白钦先等(2001)在 Goldsmith(1969)金融结构理论基础上提出了金融可持续发展理论,认为金融发展是金融量性发展与金融质性发展的统一,金融的发展要以持续发展为基础。该理论强调,要以金融发展与经济增长之间的适应程度作为评价金融效率的标准。孔祥毅(2003)在此基础上提出,要真正实现金融的可持续发展,必须重视构建协调的金融运行体系,并实现与高效率的经济增长共存。

(二)发展中国家金融发展理论的深化

20 世纪 70 年代中期开始,在金融抑制理论和金融深化理论的影响下,以拉美国家为代表的发展中国家大力推进本国金融市场化和金融自由化改革。然而,20世纪80年代拉美债务危机爆发后,学界开始重新审视发展中国家的金融发展问题,尤其是金融发展中政府与市场的关系问题。罗纳德·I.麦金农尝试对金融深化理论进行修正,提出"金融控制"观点,强调政府干预金融发展可能带来的正向效应,主张发展中国家和转轨国家的政府应该在金融自由化的过程中适度控制政策推进速度(Mckinnon,1993)。

20世纪90年代以来,信息经济研究的发展为金融发展理论提供了微观基础,不少学者由此提出并发展了金融约束理论。托马斯·赫尔曼(Thomas Hellmann)、凯文·穆尔多克(Kevin Murdock)、约瑟夫·斯蒂格利茨(Joseph Stigilitz)认为,大部分发展中国家和转轨国家的金融体制的最大缺陷在于金融制度结构薄弱,因而需要动员本国储蓄和增强本国金融的稳定性,然而完全的金融自由化难以实现预期的效果。而且,经济金融领域存在信息不对称、委托代理、道德风险等明显问题,市场机制不能有效实现金融资源的配置,因此,政府对本国金融进行适度干预是有必要的(Hellmann等,1996)。当然,金融约束理论与金融深化理论等并没有根本性冲突,可以说,金融约束政策是金融自由化进程中的一种阶段性、过渡性政策。

（三）金融发展理论的复兴和拓宽

在对传统金融发展理论进行反思的过程中,金融发展理论的研究边界和研究视角都发生了很大变化。不少学者开始基于新制度经济学、内生增长理论、新古典经济学等视角研究金融发展理论。这一时期的研究方法以计量实证分析为主。

King和Levine(1993)尝试突破传统的发展中国家分析框架,探索所有国家包括发展中国家和发达国家在内的一般性的金融发展理论。其研究的突破点在于设计了度量金融功能的四个指标。他们收集了80个国家1960—1989年的数据并进行实证分析,结果表明金融规模和金融功能不仅能够促进资本的形成,而且能够通过全要素生产率刺激长期的经济增长。他们进一步验证了金融发展与经济增长的因果关系,发现金融发展的初始差异能够很好地解释未来经济增长的差异水平,并强调金融发展不足会导致本国陷入"贫困陷阱"。

Patrick(1966)提出了金融需求跟随与供给引导理论。他认为金融体系能够影响资本构成,进而通过影响储蓄和投资对资源配置效率产生影响。他从两个视角阐述了金融发展与经济增长之间的因果关系:一是金融发展能够带动经济增长,此为供给引导论;二是经济增长能够产生金融需求并带动金融发展,此为需求跟随论。供给引导论主张发展中国家优先发展金融,通过金融体系的发展来带动经济的发展;需求跟随论主张经济发展优先,以经济社会的发展推动金融体系和金融产业的发展。

20世纪90年代以来,在内生增长理论基础上产生了金融功能理论(Merton和Bodie,1992)。该理论认为,金融功能相对稳定,但金融机构变化发展较快;金融发展对经济增长影响的关键不在于金融规模的扩张和金融机构的变化,而在于金融功能的完善和金融服务效率的提升。Levine(1996)提出了金融服务论,认为金融市场和金融中介的存在都是为了实现金融功能,因此金融体系不论是银行主导还是市场主导都不重要;金融发展是金融市场、金融中介机构的不断优化和发展,从而实现交易成本的降低和服务效率的提升。

二、地方金融发展的相关研究

(一)地方金融结构与地方金融发展

不少学者基于Goldsmith(1969)和Mckinnon(1973)的金融相关比率和经济货币化指标研究区域金融发展问题。刘仁伍(2003)以此为基础分析了中国区域的金融结构和金融发展。黄湘雄等(2004)分析了广东的金融发展和金融结构的变化。麦勇(2004)分析了自由化进程中中国中西部不同地区的区域金融结构发展。刘湘云(2005)等分析了长三角地区区域金融结构的变化。陈先勇(2006)基于金融发展的角度,分析了中东部地区的经济发展差异,从而提出中部发展的区域金融政策。周建松等(2011)分析了浙江区域金融结构的变化和区域金融的发展。

(二)货币政策对区域金融发展的影响

国外不少学者基于货币政策影响的视角开展有关区域金融的研究,探讨货币政策的区域效应,重点关注公共市场操作在不同区域的时滞。Scott(1955)分析了公共市场操作的区域效应,验证了公开市场操作从白宫传递到各州的时滞效应。

也有学者分析了货币政策对不同区域的政策影响。Garlino和DeFina(1998)分析了国家利率和区域利率的差异性及其对货币政策传导的影响。研究认为,越是孤立的地区,地区利率与国家利率的差异越大。原因主要有两个方面:一是地区越孤立,其交易成本越高;二是地区越孤立,其金融资源的供需弹性越大。

(三)金融中心的金融集聚效应

关于金融中心的金融集聚效应,主要涉及三个方面。一是规模经济效应。Kindleberger(1973)、Gehrig(2000)研究指出,规模经济会对金融产业的企业形成吸引力,金融产业的集聚最终会形成规模经济优势,有助于降低交易成本,提高跨地区支付效率和跨地区金融资源配置效率,提高金融机构的效益,以及促进区域内已有网络系统和基础设施的共享(Park等,1989)等。潘英丽(2003)、潭朵朵(2012)、陶锋等(2017)、王淑英等(2017)持相同的观点。二是信息溢出效应。Park和Essayyad(1989)、吴滨等(2018)的研究表明,金融集聚有利于实现区域内金融企业间的信息共享,实现区域内金融信息的更大流动,有助于从业者获取就业信息,也能够促进创新思维的产生(Gehrig,2000)。三是市场流动效应。黄解宇等(2006)指出,金融产业集聚能够提高金融市场的流动性,而且由于金融产业流动性更强,金融集聚速度快于其他产业的集聚,其表现出来的市场流动效应更为明显;同时,金融市场流动性的增加也会促使金融市场的交易量显著增加。

（四）区域金融发展与经济增长的关系

有不少学者考察区域金融发展对区域经济增长的作用。许泽想等(2023)研究发现,我国东部、中部及西部地区的金融发展对经济增长均存在显著的非线性影响;且金融相关率由低区制向高区制迁移的速度存在很大的差异,西部地区的迁移过程最为缓慢,中部地区次之,东部地区迁移速度最快。无论是东部、西部还是中部地区,随着金融发展水平的提高,金融发展对经济增长的促进作用均呈现明显增强的趋势,且东部地区金融发展对经济增长的促进作用最大,中部次之,西部最小。刘静静等(2015)的研究表明,区域金融与区域经济之间存在长期的稳定关系,但各地区的金融要素对区域经济增长的贡献度不同:金融结构对各区域的经济增长具有显著的推动作用;金融效率对促进各区域的经济增长并没有显著的作用;金融规模只对东部地区的经济增长具有显著的促进作用。

三、研究述评

综上所述,已有学者的研究客观上形成了一个多视角、多层次的研究体系,形成了一批具有相当影响力的研究成果。但相关研究也存在一些不足,主要表现在以下方面:

一是已有理论基础不足以支撑关于中国特色金融之路的理论研究。西方金融发展理论研究相对成熟,对国内研究有一定的借鉴意义,但由于国情不同,西方学者的研究成果并不完全符合中国实际。

二是理论分析与实践探索存在割裂。西方学者的研究以理论探索为主、基于国家层面开展,而基于地方层面的相关研究成果相对较少,因而对浙江省地方政府行为与区域金融发展的指导作用有限。

三是研究内容和研究视角有待丰富。关于区域金融的研究多为现象描述和政策建议,较少从理论层面分析区域金融发展。而且,现有研究往往关注区域金融发展中的某一个层面,针对浙江金融的系统性研究还有待丰富和拓展。

由此,如何基于中国国情、浙江省情,对浙江地方金融改革发展开展系统性研究,多层次、全方位探究浙江地方金融发展的模式路径与实践成效,并科学地提出推动浙江金融高质量发展和金融强省建设的政策建议,仍是亟待学术界探索的重要课题。

第三节　研究内容、方法与创新点

一、研究内容

本书立足于中央金融工作会议提出的中国特色社会主义金融高质量发展、加快建设金融强国的时代背景,在借鉴西方金融发展理论的基础上,探索中国特色金融发展的相关理论,以推动地方金融发展和改革为宗旨,以正确处理好地方金融发展中地方政府与金融市场的关系、实现地方政府与区域金融发展相契合为目标,深入分析浙江地方金融高质量发展和金融强省建设的模式、实现路径与实践成效等,并进一步提出未来发展的对策建议。

本书首先回顾金融发展和地方金融的相关概念、理论基础,剖析中国金融改革发展的重要问题。然后,梳理浙江地方政府引导区域金融发展的主要模式和重要举措。在此基础上,从金融产业供给能力、金融服务实体经济、金融风险防范化解三个视角,探讨浙江金融高质量发展和金融强省建设的现实路径与成效。最后,提出推动浙江金融高质量发展和金融强省建设的主要着力点和政策建议。

各章内容如下:第一章为本书的研究背景和相关研究综述;第二章介绍了区域金融发展的相关概念,梳理西方金融发展的相关理论,并阐述中国特色金融发展之路的理论探索;第三章基于双重属性框架,分析区域金融发展中地方政府行为的制度环境,梳理浙江政府引导区域金融发展的主要路径与政策举措;第四章从浙江金融产业和金融机构的发展、特色金融小镇和钱塘江金融港湾的建设,以及全国新兴金融中心建设等方面,探讨浙江深化金融供给侧结构性改革、提升区域金融供给能力的实践路径;第五章从地方融资结构优化、地方金融改革试点全面推进、科技金融体系构建等方面,探讨浙江金融服务实体经济的实践探索与主要成效;第六章在宏观背景分析的基础上探讨浙江金融改革发展中面临的主要金融风险,以及浙江防范化解地方金融风险的实践探索与主要成效;第七章探讨了浙江未来推动金融高质量发展和金融强省建设的路径选择,包括加快推进浙江新兴金融中心建设、以市场化改革推动普惠金融发展、积极发展科技金融服务体系,以及更好发挥地方政府在区域金融发展中的作用;结语部分给出了本书的研究结论。

二、研究方法

第一,调查研究与案例分析相结合。设计具体调研方案,到地区主要金融机构、地区金融监管部门、地方金融集聚地等进行调查研究,取得第一手资料,作为研究的现实基础。

第二,理论梳理与实证分析相结合。以金融发展理论为基础,基于中国特色金融发展之路开展理论探索,并结合中国特色金融发展之路面临的主要现实问题,对浙江金融发展中的地方政府行为进行系统分析。

三、研究创新点

第一,研究理论的创新。本书在充分借鉴西方金融发展理论的基础上,对中国特色金融发展的相关理论进行探索。

第二,研究视角和研究内容的创新。现有研究往往关注浙江区域金融发展中的某一方面,本书则系统全面考察浙江区域金融发展的模式路径、实践效应等。具体来说,从浙江金融供给能力的提升、浙江金融服务实体经济效率的提升、浙江防范化解金融风险能力的提升这三个视角系统分析浙江金融的发展。

第三,研究方法和对策建议的创新。本书以一手调研资料为研究基础,提出具有操作性和应用价值的对策建议,以及区域金融改革发展过程中地方政府决策的总体原则和现实可行的路径构想。本书的研究成果对现实具有较强的指导意义。

当然,本书的研究也存在不足之处。由于样本数据的可得性和局限性,本书的研究以统计分析为主,基于大样本的计量分析还有待拓展。

第二章 相关概念及理论基础

第一节　区域金融发展相关概念

一、区域金融的概念

张军洲最早在其 1995 年出版的专著《中国区域金融分析》中明确提出区域金融的基本概念,并界定了区域金融的内涵和研究框架。他认为,区域金融是指"一个国家金融结构与运行在空间上的分布状态,在外延上表现为具有不同形态、不同层次和金融活动相对集中的若干金融区域"(张军洲,1995:2)。蒋三庚等(2014)从四个方面提出了区域金融的内涵:一是金融的区域空间分布状态;二是区域间存在的区域金融发展差异;三是区域金融发展与区域经济增长之间的关系;四是不同的经济发展阶段区域金融的内涵各不相同。

本书认为,区域金融是指在整体国家宏观金融的体制框架下,金融在不同地域范畴内的空间分布与运作状态。可以将地方金融的发展分为三个层次:一是地方金融产业、金融机构和金融市场等地方金融能力的直接表现;二是地方金融服务于实体经济效率的具体表现;三是地方金融防范化解区域性金融风险即地方金融韧性的表现。

二、金融发展的界定与测度

以金融发展来描述金融体系完善和发展的程度,是学术界普遍关注的一个问题。但是,关于金融发展的概念,学术界尚没有达成一个明确的共识。耶鲁大学教授戈德史密斯最早在其专著《金融结构与金融发展》中基于金融结构的视角对金融发展的概念进行了界定,认为金融发展就是金融结构的变化(Goldsmith,1969)。Mckinnon(1973)和 Shaw(1973)分别提出的金融抑制理论和金融深化理论认为,金融改革有助于缓解金融压抑从而推动经济发展。他们基于数量视角对金融发展概念进行界定,把金融发展定义为金融资产规模的扩大,以及金融资产存量种类的扩大。Merton 等(1992)认为金融发展主要表现为金融系统的演变,包括金融工具的发展、金融功能的丰富和金融市场环境的改善。Levine(1996)从金融系统功能的角度定义了金融发展,认为发达的金融系统有利于资源的合理配置、引导资源流向有发展潜力的部分,而且有助于生产监督和公司治理,从而有利于生产主体提升产出效率、降低投资风险等。可见,学术界对金融发展的概念虽然尚没有统一,但总体达成了共识:金融发展体现为金融系统的不断发展和完善,既包括金融规模的扩大,也包括金融结构的变化及金融功能的强化。相对应地,关于金融发展的指标测度,学术界从单一指标逐步演进到多个维度的指标,从金融规模、结构的测度逐渐过渡到金融效率的测度。

学者最早主要基于金融规模的视角测度金融发展。Goldsmith(1969)提出金融相关比率这一指标,利用一国或一个地区的金融资产总规模占该地区总产出的比重来衡量地区金融发展水平。Mckinnon(1973)使用广义货币量占国内生产总值(GDP)的比重来测度一国的货币化程度。此后,不少学者开始用货币总量或资本总额占 GDP 的比重、股票总市值或交易额、上市公司数量等相关指标来衡量一个地区的金融发展水平。King 和 Levine(1993)使用金融机构的流动性负债衡量金融发展的深度,使用存款货币银行资产占比衡量金融相对规模,使用非金融私人企业信贷占比衡量金融资源配置。Luintel 和 Khan(1999)用金融机构的存款增长率来度量金融发展水平。Beck 等 (2000)使用广义货币供应量占 GDP 的比重来测度地区金融发展水平。

随着金融体系的发展,有学者提出基于金融效率来测度金融机构和金融市场的发展(Aziz 和 Duenwald,2002;Jeanneney 等,2006)。 Beck 等(2000)使用银行集中度,即大型银行资产占全部银行资产的比重来测度银行业结构,从而体现出金融效率;Maskus 等(2012)使用股票与债券市场的市值总和占 GDP 的比重来衡量金融发展。我国学者使用四大国有银行的贷款余额比重度量中国金融市场的竞争程度 (林毅夫等,2009;卢峰、姚洋,2004)。

在金融发展质量的测度方面,有学者构建了金融规模、金融结构、金融效率、金融深度、金融功能等指标体系。冉光和等(2013)从金融发展规模(各省份贷款总额/GDP)、金融发展结构(各省份股票筹资和保费收入之和/GDP)、金融发展效率(各省份储蓄余额/贷款余额)三个维度构建指标。师荣蓉等(2017)用金融业发展规模、结构、稳定性、风险性、效率等衡量金融发展水平。也有学者从投入产出效率的角度衡量金融高质量发展(向琳,2015;林春,2016)。

第二节 金融发展的理论基础

金融发展理论以金融自身的发展以及金融发展与经济发展之间的相互作用关系为主要研究对象。第二次世界大战之后,亚非拉国家在民族经济独立发展过程中,不同程度地遭遇资金短缺的制约,并由此开始关注本国的金融发展问题、金融制度问题以及金融体系的效率问题。20 世纪 60 年代,不少学者开始关注金融发展与经济发展的关系。早期金融发展理论主要以发展中国家为研究范畴。20 世纪 90 年代以后,金融发展理论的研究范畴逐步拓展到发达国家。现有的成熟的金融发展理论包括金融结构理论、金融抑制理论、金融深化理论、金融约束理论、金融功能理论和新制度主义金融发展理论等。

一、金融结构理论

金融结构理论将金融发展定义为金融市场中可以用于交易的金融资产规模的扩大以及金融机构种类和数量的增加。该理论的代表人物戈德史密斯在其著作《金融结构与发展》中指出,金融发展就在于不断推动金融结构的优化和完善,金融结构的优化对经济增长具有重要作用。

Goldsmith(1969)构建了金融结构的指标体系,通过金融相关率等多项指标数据测度各国金融结构,计算了 35 个国家近 100 年的金融发展水平,基于金融结构的视角分析了金融发展与经济增长之间的关系。他强调,一国金融结构会影响本国经济主体的储蓄投资行为,并进一步影响本国的经济发展。他的研究也证实了金融结构的变化具有时间序列上的规律性,即伴随金融发展水平的提高,直接融资比重也会提升。

Allen 和 Gale(2000)将一国的金融机构分为以银行为主导的金融结构体系和以市场为主导的金融结构体系,两种类型的金融结构各有利弊。银行主导的金融结构能够与贷款企业建立长期稳定的联系,从而便于银行获取企业的投资信息、抵押物信息、生产经营情况、第三方担保等,有利于提升企业投资效率,降低信息不对称可能带来的金融风险与外部监管成本。市场主导的金融结构相比银行信贷融资效率更高,能够促使企业进行信息披露、提高金融市场运行效率,从而促进经济增长。

二、金融抑制与金融深化的理论框架和政策取向

1973 年,美国斯坦福大学教授麦金农和爱德华·S.肖分别在他们出版的专著《经济发展中的货币与资本》《经济发展中的金融深化》中提出了金融抑制理论与金融深化理论,被认为是发展经济学货币金融理论的重要突破,并对现实中发展中国家的货币金融改革实践产生了重要的影响。

Mckinnon(1973)和 Shaw(1973)认为,发展中国家普遍存在利率管制,因此往往会导致通货膨胀,从而使得实际利率为负,并带来明显的负面效应。一方面,负利率会损害储蓄者利益,削弱金融体系集聚金融资源的能力;另一方面,负利率变相为借款人提供补贴,刺激了借款人的资金需求,导致资金需求大于资金供给,从而需要通过配给方式分配金融资源,破坏了金融体系的资金配置效率。Mckinnon(1973)基于"渠道效应"分析了金融对经济增长的影响,强调金融制度的落后导致发展中国家以内部融资为主要融资方式,外部融资相对不足。他认为,如果真实利率提高,内部融资的资本形成机会增加,会提高投资者获得外部融资的可能性,从而促进资本形成与经济增长。Shaw(1973)基于债务媒介论视角分析了货币金融发展对经济增长的影响,强调货币并不是真实的社会财富,而主要是作为交易媒介,能够降低生产和交易的成本,从而提高生产效率、增加产出。总的来说,发展中国家对本国金融活动的过多干预抑制了本国金融体系的市场化发展,从而导致本国金融资源配置的扭曲,以及金融资源有效供给的不足,进而造成发展中国家金融发展和经济增长陷入同时滞后的恶性循环。

Mckinnon(1973)和 Shaw(1973)主张发展中国家推行金融市场自由化,以此实现实际利率以市场机制的方式确立。具体来说,他们反对利率控制,认为利率控制不利于经济增长。他们主张减少发展中

国家政府对本国金融机构和金融市场的干预,并主张发展中国家实行较大部分的非国有化、鼓励非银行金融机构的发展,通过金融市场形成市场化的利率、汇率等金融资产价格并发挥市场在金融资源配置中的关键作用。然而,在具体实践中,金融深化政策很多时候会被扭曲理解为金融自由化政策,从而可能带来许多消极影响。

三、金融约束理论及其政策

信息经济学的发展为金融发展理论的进一步发展奠定了微观基础。Hellmann 等(1996)对金融抑制理论和金融深化理论提出挑战,认为市场存在信息不完善、外部性、规模经济和垄断竞争等行为,因此政府在金融市场中的作用显得非常重要。他们进而提出了金融约束理论的分析框架。

Hellmann 等(1996)认为,银行等相关金融机构通过自身掌握的企业内部信息,能够减少信息不对称和不完全竞争等引发的负面问题,从而克服金融市场存在的市场失灵问题。他们主张,政府通过一系列金融政策为银行等相关金融部门提供适当的租金机会,从而保证其具备从事长期经营的微观激励。金融约束理论更加重视政府管控的作用,主张通过有效的政府干预来促进金融发展。这些金融约束政策包括对存贷款利率的限制、市场准入的限制、稳定宏观政策以及对直接竞争的管制,以此影响租金在生产部门和金融部门的分配。在具体政策上,他们主张,政府应适当控制存贷款利率水平,将存款利率控制在一个相当低的水平,从而降低银行的经营成本;政府应限制银行业的过度竞争,确保金融体系的安全性;政府应限制资产替代性政策的实施;等等。

Hellmann 等(1996)强调金融约束理论要有一定的前提条件,从而防止金融约束政策在执行过程中效果变差或者受到扭曲,甚至演变为金融抑制政策。他们提出,要保证金融约束政策的最佳效果,必须保持稳定的宏观经济环境、较低的通货膨胀率、正的实际利率、独立经营的银行自主权等。同时，他们指出，金融约束与金融抑制的手段、方法类似，但是两者存在本质上的不同，即金融抑制只产生租金转移，而金融约束创造的是租金机会。

Hellmann 等(1996)强调，金融约束政策是一个动态变化发展的过程。当一个国家金融深化到一定程度，即金融约束的成本大于收益时，就必须放弃对金融业的管制。事实上，金融约束是发展中国家从金融抑制状态向金融自由化发展的过渡状态和过渡政策，主要针对发展中国家在转轨过程中面临的信息不对称、金融监管不到位等问题。因此，金融约束理论并不是与金融深化理论相对立的，而是金融深化理论的丰富和发展。

四、金融功能理论

20 世纪 90 年代，学者对传统金融发展理论进行了拓展，基于内生增长理论的视角来分析金融在经济发展中的作用，其中代表性的是金融功能理论。金融功能理论强调金融市场对经济增长的重要作用，体现为金融市场功能的发挥，包括流动性创造、风险分散、信息搜寻、加强企业控制、改善企业融资结构等。他们认为，金融市场能够显著改善信息不对称、降低交易成本，从而有助于促进融资的实现和企业资本的积累、技术创新与经济增长等。

(一)金融市场的流动性创造功能与经济增长

Diamond 和 Dybvig(1983)、Greenwood 和 Smith(1997)通过理论模型分析证明，金融市场的流动性创造功能能够为投资者提供投资项目快速变现的通道，从而避免流动性风险的冲击，客观上有助于推动企业长期资本的形成和资金的配置，有助于实现长期的经济增长。Levine(1991)基于人力资本的视角研究了金融市场的流动性创造功能，强调流动性创造功能能够推动人力资本积累的实现，进而推动内生性的经济增长。Levine(1991)进一步认为,当投资回报增加给人们带来未来收入增加时,更多收入增加带来的消费会导致储蓄的下降,从而不利于储蓄积累和长期投资的增加,并进一步制约经济增长。也就是说,金融市场的流动性创造功能也会对投资和经济增长带来负面影响。

（二）金融市场的风险分散功能与经济增长

金融市场的风险分散功能有助于资本积累和资本有效配置。在不存在金融市场的情况下,投资者为了规避风险,往往选择需要多元化投资的行业或项目,分散进行资金配置,从而难以实现规模经济。金融市场的存在,允许投资者进行多元化的证券投资组合,避免了投资于单个项目或者少数项目可能引发的生产性风险,有助于风险的分散和规模经济的实现,从而提高资本的配置效率和投资收益(Greenwood 和 Jovanovic,1990)。风险分散功能有助于推动技术进步。Saint-Paul(1992)认为,金融市场有利于多元化投资的实现,从而推动资本投入于收益波动性大但专业化程度更高的技术领域。King和 Levine(1993)认为风险分散功能能够推动技术创新,从而推动经济增长。

五、新制度主义金融发展理论

20 世纪 70 年代以来,以制度演进理论、制度变迁理论和产权理论为代表的新制度主义研究的兴起,催生了新制度主义金融发展理论。不少学者基于新制度主义视角探究金融发展问题,研究法律、政治、文化、社会资本、自然禀赋等对金融发展与经济增长的影响,尤其强调法律和政治制度对于金融发展的重要性。

（一）法律制度与金融发展

相关学者认为,各个国家的法律制度赋予投资者的权利以及执法效率的差异会导致各个国家金融发展水平的差异。La Porta 等

(1997)研究指出,法律制度能够有效保护投资人、股东和债权人的权益,从而影响一国的金融市场和金融机构发展水平,导致各国金融发展差异的形成。他们认为,普通法系国家比大陆法系国家能够为投资者提供更好的法律保护,具有更高的执法效率,因此普通法系国家的金融发展水平比大陆法系国家高。Beck 等(2002)验证了法律起源对金融发展的影响渠道,认为不同的民法体系会影响金融结构的形成,而构建有效的法律体系能够提高金融发展水平。

（二）政治制度与金融发展

研究者关注到政治制度和政治权力对一国金融资源配置与金融发展的作用,认为利益集团通过游说直接支配资源,从而影响本国的金融发展。Rajan 和 Zingales(1998)以 20 多个国家的数据为样本研究利益集团对金融发展的影响,发现金融市场的发展会导致国家利益格局的调整,给行业既得利益者带来威胁,因此,既得利益者会对政府和立法机关进行游说,推动制定有利于自身的金融政策,从而左右金融市场的发展。此外,La Porta 等(1997)研究了腐败与金融发展的关系,指出了腐败与金融不发达之间存在很强的正相关性。如果一国腐败程度低,那么该国就有可能建立市场化的金融体系。

第三节　中国特色金融发展之路的理论探索[①]

在传统金融发展理论的基础上,立足于当前我国金融发展中需要着力解决的重要问题,坚持中国特色社会主义金融的发展方向,探索中国特色金融发展的相关理论,是新时代推进地方金融改革与发展的重要依据。

---

① 本节相关内容已发表,收入时略有调整。参见:孙雪芬.习近平关于金融工作的重要论述及其当代价值[J].江淮论坛,2019(5):26-31,56.

一、金融发展在我国的国家战略定位

(一)金融强国是中国式现代化的重要支撑

大国崛起需要与之相匹配的大国金融。历史经验表明,金融强国是经济强国的重要前提,只有成为金融强国,才能崛起成为经济强国并持久占据竞争优势。西方国家强大的虚拟金融资本,是其长期引领全球发展的重要引擎。全球范围内要素资源的流动配置以及全球价值链、产业链的分工组合,都与虚拟金融资本的跨区域、跨国界配置密切关联。当一个国家在充分尊重金融规律的基础上,立足于自身的"国家禀赋"而创造性地运用金融工具和金融手段时,可以显著地提升本国的经济实力和综合竞争力(陈雨露、马勇,2013)。国际化的主权货币、高度发达的金融市场以及具有国际竞争力的金融机构是金融强国的三大支柱。经济强国往往通过掌握国际金融机构的主动权、国际金融市场的定价权而实现全球资源配置,通过掌握国际货币的印钞权而获取巨额铸币税收益。2023年10月召开的中央金融工作会议明确提出,要加快建设金融强国。实现社会主义现代化强国建设和中华民族伟大复兴的战略目标,客观上要求我国着力推动金融高质量发展,实现由金融大国向金融强国转变,提升我国货币在国际货币体系中的话语权。

(二)金融安全是国家安全的重要组成部分

国家安全涵盖的领域十分广泛,在党和国家工作全局中的重要性日益凸显。"金融安全是国家安全的重要组成部分"[1],国家安全的实现离不开金融安全的保障。自20世纪70年代以来,伴随金融自由化和金融全球化快速推进,金融危机在世界范围内频繁发生,并呈现出

---

[1] 习近平:金融活经济活金融稳经济稳 做好金融工作维护金融安全[N].人民日报,2017-04-27.

显著的周期性、传染性特征。同时,金融危机往往伴随经济波动,并对一国的社会稳定、政治稳定等造成冲击,影响国家安全。2008 年美国金融危机爆发以来,金融安全问题引发全球普遍关注,金融安全成为许多国家的宏观政策目标之一。对于新兴市场国家而言,金融安全问题既缘于本国内部金融体系固有的脆弱性,又诱发于西方金融资本的负面溢出效应。2015 年以来,西方国家金融政策的调整以及由此引发的国际资本流动逆转,给包括中国在内的新兴市场国家的金融安全带来了严峻挑战。保障金融安全、防范系统性金融风险,是金融工作的底线所在。中央银行最后贷款人、宏微观审慎监管制度与现代存款保险制度是现代金融安全网的三大核心支柱,是构建金融稳定长效机制的重要内容。

(三)金融制度是经济社会发展的重要基础性制度

金融是国之重器,恰当合理的金融制度安排是一国经济金融高效、平稳运行的重要保障。新中国成立以来,尤其是改革开放以来,中国金融制度不断完善。具有中国特色的社会主义金融制度安排,是我国经济大国和金融大国建设的重要支撑,是我国金融安全的根本保障。伴随国内外日趋复杂的经济金融形势,中国金融生态环境发生了巨大变化,原有的金融制度逐渐显示出其弊端,客观上要求我们更加重视金融制度建设,通过金融体制机制的创新和金融制度的变革,更好地促成经济与金融良性互动,更好地实现金融发展及风险治理。金融制度是经济社会发展的重要基础性制度,立足于新时代中国经济发展新阶段的现实需要,建设具有鲜明中国特色、鲜明制度优势和强大自我完善能力的社会主义金融制度,要重视金融机构制度、金融市场制度、金融监管制度和金融调控制度等的完善;要加强中国共产党领导金融工作的体制机制,加强制度化建设,完善定期研究金融发展战略、分析金融形势、决定金融方针政策的工作机制。

二、金融发展需要着重把握的四个重要原则

做好中国特色金融发展工作,要把握好回归本源、优化结构、强化监管、市场导向等四个原则。

(一)回归本源,金融服从服务于经济社会发展

"为实体经济服务是金融的天职,是金融的宗旨,也是防范金融风险的根本举措"①,"经济是肌体,金融是血脉,两者共生共荣"②。近年来,金融体系在动员储蓄、推动资本积累等方面发挥了关键作用。我国广义货币供应量稳定增长,社会融资规模稳定扩大,为经济高速增长提供了充足的资金保障。新时代,中国社会主要矛盾已经转化为人民日益增长的美好生活需要和不平衡不充分的发展之间的矛盾,金融领域的主要矛盾也相应发生了变化。一方面,金融资源配置的结构性失衡问题加快暴露,特定群体融资难、融资贵等历史性难题日益突出,特别是民营企业融资困境严重制约了民营企业发展壮大和民间投资的增长。另一方面,金融发展"脱实向虚"问题严重,"大量资金流向虚拟经济,使资产泡沫膨胀,金融风险逐步显现,社会再生产中的生产、流通、分配、消费整体循环不畅"③。新时代中国金融高质量发展,"要把为实体经济服务作为出发点和落脚点,全面提升服务效率和水平,把更多金融资源配置到经济社会发展的重点领域和薄弱环节,更好满足人民群众和实体经济多样化的金融需求"④。

(二)优化结构,完善金融市场、金融机构、金融产品体系

改革开放以来,我国金融体系逐步完成了从"大一统"向多元化转变,形成了以国有大银行为主导的间接融资结构。伴随经济由高速增

---

① 习近平:深化金融改革　促进经济和金融良性循环健康发展[N].人民日报,2017-07-16.
② 习近平:深化金融供给侧结构性改革　增强金融服务实体经济能力[N].人民日报,2019-02-24.
③ 习近平.习近平谈治国理政(第二卷)[M].北京:外文出版社,2017:241.
④ 习近平:深化金融改革　促进经济和金融良性循环健康发展[N].人民日报,2017-07-16.

长阶段转向高质量发展阶段,间接融资结构的局限性逐渐显现,如无法更好满足弱势群体的资金需求,无法满足市场对长期资本的大量需求,无法实现融资风险的市场化、股权化分担等。推动金融高质量发展,要将其更好地融入产业发展,建设"实体经济、科技创新、现代金融、人力资源协同发展的产业体系"①。同时,"要以金融体系结构调整优化为重点深化金融体制改革"②。优化金融结构,首先要注重改善间接融资结构,"推动国有大银行战略转型,发展中小银行和民营金融机构"③,放宽市场准入,推动实现产权主体的多样性。优化融资结构,更要推动融资方式的多元化,尤其要重视从间接融资向直接融资转型,把发展直接融资放在重要位置,推动多层次资本市场在中国的发展。

（三）强化监管,提高防范化解金融风险的能力

2008年美国金融危机发生后,宏观宽松政策导致我国总体杠杆率快速攀升,再加上金融"脱实向虚"问题日趋严重,西方金融资本的风险溢出效应显现,国际社会"黑天鹅"事件频出。因此,必须始终保持高度警惕,"把主动防范化解系统性金融风险放在更加重要的位置"④,"既要高度警惕'黑天鹅'事件,也要防范'灰犀牛'事件"⑤。金融风险的形成,在一定程度上归因于金融制度变迁的滞后,以及金融监管制度没有跟随金融创新而进行适时调整。防范与化解金融风险,客观上要求推动金融监管完善,"加强监管协调,坚持宏观审慎管理和微观行为监管两手抓、两手都硬、两手协调配合"⑥。在微观审慎监管上,要注重"完善金融机构法人治理结构"⑦;在宏观审慎监管上,要重

---

① 习近平代表第十八届中央委员会向大会作的报告摘登[N].人民日报(海外版),2017-10-19.
② 中央经济工作会议在北京举行　习近平李克强作重要讲话[N].人民日报,2018-12-22.
③ 习近平:深化金融改革　促进经济和金融良性循环健康发展[N].人民日报,2017-07-16.
④ 习近平:深化金融改革　促进经济和金融良性循环健康发展[N].人民日报,2017-07-16.
⑤ 习近平:提高防控能力着力防范化解重大风险　保持经济持续健康发展社会大局稳定[N].人民日报,2019-01-22.
⑥ 习近平:深化金融供给侧结构性改革　增强金融服务实体经济能力[N].人民日报,2019-02-24.
⑦ 习近平:深化金融改革　促进经济和金融良性循环健康发展[N].人民日报,2017-07-16.

视对系统性金融机构的监管,尤其要"统筹监管金融控股公司和重要金融基础设施"①。

(四)市场导向,发挥市场在金融资源配置中的决定性作用

经济体制改革的核心问题,是处理好政府和市场的关系,"使市场在资源配置中起决定性作用和更好发挥政府作用"②。提高金融资源的配置效率,同样需要深化市场化改革,发挥市场在金融资源配置中的作用。党的十八大以来,互联网金融鲇鱼效应显现,倒逼中国金融市场化进程加快。2013年和2015年,我国商业银行贷款利率、存款利率管制分别全面放开;2014年以来,民营银行准入机制放宽;2018年,外资金融机构市场准入放宽。我国金融体系逐步打破传统的外植性金融体系,推动了传统金融机构变革和内生性金融体系建设。深化金融市场化改革,要更加重视"健全现代金融企业制度,完善金融市场体系"③。在市场主体方面,要进一步放开市场准入,构建多元化的市场主体,"完善现代金融企业制度,完善公司法人治理结构,优化股权结构,建立有效的激励约束机制"④。在市场体系方面,要善于发挥资本市场的作用,激发金融市场发展的内生动力,尤其"要增强资本市场对科技创新企业的包容性,着力支持关键核心技术创新,提高服务实体经济能力"⑤。

三、金融发展在我国的推进与实践路径

推动中国特色社会主义金融高质量发展,加快建设金融强国,要

---

① 习近平:金融活经济活金融稳经济稳 做好金融工作维护金融安全[N].人民日报,2017-01-23.

② 习近平:把改善供给侧结构作为主攻方向 推动经济朝着更高质量方向发展[N].人民日报,2017-04-27.

③ 习近平:深化金融改革 促进经济和金融良性循环健康发展[N].人民日报,2017-07-16.

④ 习近平:深化金融改革 促进经济和金融良性循环健康发展[N].人民日报,2017-07-16.

⑤ 习近平:对标重要领域和关键环节改革 继续啃硬骨头确保干一件成一件[N].人民日报,2019-01-24.

围绕服务实体经济、防控金融风险、深化金融改革三项任务展开。这三项任务是推进新时代中国金融高质量发展、实现现代金融体系和金融强国战略目标的重要路径和重要抓手,践行着中国金融各个层面的路径创新、制度创新与政策创新。

（一）专项金融顶层设计与基层探索"上下结合":以金融供给侧结构性改革创新服务实体经济的路径

加强顶层设计和基层探索都是推进改革的重要方法。在全面深化改革的过程中,正是通过既加强宏观思考、顶层设计,也鼓励大胆试验、大胆突破,才不断把改革引向深入。推动金融回归本源,实现金融发展服从服务于经济社会发展,同样既要注意顶层设计与统筹规划,又要强调基层创新与主动探索。当前,我国已经初步构建起"自上而下"的顶层设计与"自下而上"的基层探索相结合的金融服务实体经济新路径。

1. 出台针对民营企业的金融支持等专项普惠金融顶层规划

顶层设计强调制度与政策先行,有助于营造有效的政策环境,并实现统筹推进。普惠金融与绿色金融代表着新时代金融发展的方向,被纳入 G20 杭州峰会重要议题。中国在推动普惠金融方面一直走在全球前列,其也成为我国参与全球金融治理的重要抓手。2015 年底,国务院出台首个普惠金融发展规划。2016 年 9 月,G20 杭州峰会通过了中国提出的《G20 数字普惠金融高级原则》,这是该领域第一份国际性指引文件。2016 年 8 月,人民银行等七部委联合印发《关于构建绿色金融体系的指导意见》,力图在我国构建全球领先的绿色金融框架体系。2019 年 2 月,中共中央办公厅、国务院办公厅印发《关于加强金融服务民营企业的若干意见》,针对民营企业融资困境,从金融政策支持力度、融资服务基础设施建设、绩效考核和激励机制、民营企业融资纾困等层面,系统性地提出了解决民营企业融资痛点的多项制度与政策安排。

2. "自下而上"推动地方金融改革试点

鼓励解放思想、积极探索,对必须取得突破但一时还不那么有把握的改革,"要采取试点探索、投石问路的方法,取得了经验,形成了共识,看得很准了,感觉到推开很稳当了,再推开,积小胜为大胜"①。近年来,国家层面立足金融改革全局,科学组织金融试点工作。当前,区域性金融改革在全国广泛布局,覆盖东部沿海地区、中部工业化转型地区、西部欠发达地区以及民族边疆地区等多个地区。从试点内容看,充分考虑到区域资源禀赋与经济金融发展特色,分别探索小微企业金融服务、农村金融、人民币资本账户可兑换、广西—东盟等跨境金融合作、粤港澳金融合作等方面的金融改革。2017 年 6 月,国务院第 176 次常务会议决定在五省(区)②设立绿色金融改革创新试验区,开启了我国绿色金融改革创新的基层探索。这些不同类型的区域金融改革试点稳步推进,积累了一批可推广、可复制的地方金融改革经验,发挥了金融改革试点对全局性改革的示范、突破、带动作用。

(二)"逆周期"货币调控与宏观审慎监管双支柱:以制度完善提升金融风险治理能力

"防止发生系统性金融风险是金融工作的永恒主题"③,是党的十九大报告提出的"三大攻坚战"之首。2018 年 7 月,中央政治局会议明确,"稳金融"是"六稳"工作的重要内容。我们"既要有防范风险的先手,也要有应对和化解风险挑战的高招;既要打好防范和抵御风险的有准备之战,也要打好化险为夷、转危为机的战略主动战"④。货币政

---

① 习近平:深化金融改革 促进经济和金融良性循环健康发展[N].人民日报,2017-07-16.

② 即浙江省、江西省、广东省、贵州省、新疆维吾尔自治区。

③ 中共中央文献研究室.习近平关于全面深化改革论述摘编[M].北京:中央文献出版社,2014:35.

④ 习近平:提高防控能力着力防范化解重大风险 保持经济持续健康发展社会大局稳定[N].人民日报,2019-01-22.

策和宏观审慎政策双支柱调控框架既能够化解存量金融风险、转危为机，又有助于防范和抵御风险，做到未雨绸缪、有备无患，是提升我国金融风险治理能力的重要制度创新。

1. "逆周期"货币政策调控纾解流动性风险

"实体经济健康发展是防范化解风险的基础。要注重在稳增长的基础上防风险，强化财政政策、货币政策的逆周期调节作用。"①纾解民营企业融资困境，化解民营企业流动性风险，成为维护我国金融安全、保障经济平稳运行的当务之急。"要优先解决民营企业特别是中小企业融资难甚至融不到资问题"，"对有股权质押平仓风险的民营企业，有关方面和地方要抓紧研究采取特殊措施，帮助企业渡过难关，避免发生企业所有权转移等问题"。②纾解民营企业流动性风险，首先要重视货币政策总量调控，实施稳健的货币政策，并适时预调微调，"保持流动性合理充裕"③。其次，要注重实施差异化、结构化的货币政策调控，"对看准的、确需支持的，政府可以采取一些合理的、差别化的激励政策"④。针对当前民营企业融资困境，央行创新性推出"三支箭"⑤政策组合，并推动金融机构考核制度完善和民营企业融资渠道拓宽。最后，要实现从货币到信用的转换，还必须重视改善货币政策传导机制，疏通金融进入实体经济的渠道，有针对性主动引导社会预期。

2. 宏观审慎监管防范系统性金融风险

宏观审慎监管着眼于整个金融系统和宏观经济，关注金融机构、市场、基础设施和更广泛的经济领域之间的相互作用，是传统微观审

---

① 习近平:深化金融供给侧结构性改革 增强金融服务实体经济能力[N].人民日报,2019-02-24.

② 习近平:在民营企业座谈会上的讲话[N].人民日报,2018-11-02.

③ 中共中央政治局召开会议 习近平主持会议[N].人民日报,2018-08-01.

④ 习近平:加大支持力度增强内生动力 加快东北老工业基地振兴发展[N].人民日报,2015-07-20.

⑤ 即民营企业信贷支持、债券融资支持工具、股权融资支持工具。

慎监管的有益补充。宏观审慎监管不同于传统的微观审慎监管：从时间维度看,宏观审慎监管主要针对金融机构和金融体系的顺周期性,强调建立逆周期的调节机制,降低金融体系顺周期特征可能引发的金融风险;从空间维度看,宏观审慎监管强调识别具有系统性重要地位的金融机构以及关注整个金融体系中的风险分布,从而有针对性地实施更加严格的监管。2008 年美国金融危机发生后,西方主要国家普遍加强了宏观审慎监管架构的建设力度。我国于 2017 年设立国务院金融稳定发展委员会,2018 年组建中国银行保险监督管理委员会,2023 年组建国家金融监督管理总局,实现了从"一行三会"到"一行两会"再到"一行一总局一会"监管机构的迭代升级,宏观金融监管的权威性和协调性日益加强。同时,地方政府下设省级金融监管局,"按照中央统一规则,强化属地风险处置责任"①,加强对区域金融创新与发展的监管。"一行一总局一会"新监管模式,顺应了新时代金融创新和金融发展的新趋势,强化了中国人民银行的宏观审慎监管职能,有助于更好地实现货币政策与宏观审慎监管的有效协调。

（三）深化多层次资本市场改革与金融对外"双向"开放："内外协同"纵深推进改革开放

多层次资本市场改革的深化和金融对外"双向"开放协同推进,是推动金融供给侧结构性改革、实现金融高质量发展的必由之路。要把金融改革开放落实到位,同时根据国际经济金融发展形势变化和我国发展战略需要,研究推进新的改革开放举措。

1. 资本市场增量与存量变革齐头并举

"资本市场在金融运行中具有牵一发而动全身的作用",要"打造一个规范、透明、开放、有活力、有韧性的资本市场,提高上市公司质量,完善交易制度,引导更多中长期资金进入"。② 2018 年 11 月,习近

---

① 习近平.习近平谈治国理政(第二卷)[M].北京:外文出版社,2017:280.
② 中央经济工作会议在北京举行 习近平李克强作重要讲话[N].人民日报,2018-12-22.

平总书记在首届中国国际进口博览会开幕式上表示,"将在上海证券交易所设立科创板并试点注册制"①。以此为契机,增量变革与存量变革齐头并举,成为资本市场改革深化的两大重要路径。一方面,科创板试点注册制打开了中国资本市场增量改革空间,补齐了中国资本市场服务科技创新的金融短板,有助于吸引更多优质企业利用资本市场实现融资发展,是实施创新驱动发展战略、深化资本市场改革的重要举措。另一方面,增量改革有助于撬动资本市场存量改革。在科创板试点注册制基础上,"要深化准入制度、交易监管等改革"②,加快各方面基础制度的完善,重塑资本市场主体的生存环境与竞争模式,构建有进有出、优胜劣汰的资本市场生态。

2. 金融对外"双向"开放与人民币国际化

通过金融"双向"开放与货币国际化,积极参与对外金融合作,是中国参与全球金融治理、实现跨国金融资源配置的重要抓手。首先,加快推进金融业对外开放,大幅度放宽市场准入,"放宽银行、证券、保险行业外资股比限制的重大举措要确保落地"③。其次,在金融市场开放方面,要有序推进资本账户开放。近年来,沪港通、深港通、债券通等顺利实施,A股被纳入MSCI新兴市场指数、富时指数,要进一步深化人民币汇率形成机制改革,完善资本市场双向开放机制。最后,要稳步推动人民币国际化,深化"一带一路"金融合作。2016年,人民币被纳入SDR货币篮子,在跨国贸易、投融资、储备货币等方面的国际影响力日益增强。④ 未来,我国将依托亚洲基础设施投资银行和丝路

① 习近平:共建创新包容的开放型世界经济[N].人民日报,2018-11-06.
② 习近平:深化金融供给侧结构性改革　增强金融服务实体经济能力[N].人民日报,2019-02-24.
③ 习近平:开放共创繁荣　创新引领未来[N].人民日报,2018-04-11.
④ 根据环球金融电信协会统计数据,截至2018年1月末,人民币位列全球第五大支付货币、第三大贸易融资货币和第五大外汇交易货币。根据国际货币基金统计数据,自2015年12月人民币加入SDR货币篮子以来,截至2018年第二季度末,已有超过60个境外央行或货币当局将人民币纳入官方外汇储备,人民币在全球外汇储备资产中规模达1933.8亿美元,占比1.84%。

基金,深化同共建"一带一路"国家的金融合作,加强与世界银行等多边开发机构合作,"同有关各方共同制定'一带一路'融资指导原则"①,积极参与相关金融制度设计,增强我国在国际金融体系中的话语权。

---

① 习近平在"一带一路"国际合作高峰论坛开幕式上的演讲[N].人民日报,2017-05-15.

第三章　区域金融发展中的地方政府行为

党的十八大报告首次提出,经济体制改革的核心问题是处理好政府与市场的关系。党的十八届三中全会进一步提出,要使市场在资源配置中起决定性作用和更好发挥政府作用。我国金融改革与发展正处于一个新的历史时期,金融改革是我国经济体制改革的重要组成部分,是未来一段时期内国家工作的重要内容。因此,正确处理好金融改革发展中政府与市场的关系,是新时代新征程金融改革发展中必须解决的核心问题。实际上,改革开放以来,在中国金融市场化改革发展的进程中,政府的行政力量始终发挥着重要的作用。可以说,中国金融改革在很大程度上是政府所主导的金融制度变迁。具体来说:一方面,政府是金融制度的直接供给者;另一方面,为了推动经济增长,政府往往又作为微观主体发展出金融需求,成为金融资源的需求主体。地方政府在地方金融发展中同样扮演着非常重要的角色,区域金融发展中的地方政府行为,直接决定了地方金融发展的路径和模式。

第一节　地方政府行为的制度环境
及双重属性框架

中国地方政府经济行为有着特殊的制度环境,即经济转轨时期特殊的财政体制和官员晋升考核的激励制度。在中国40余年的渐进式改革发展奇迹中,一个受到充分激励的地方政府在其中发挥了关键作用,中国的地方政府与官员在特殊制度环境下的经济金融行为,具有明显的双重属性。

一、渐进式的中国改革与政府主导的动力机制

根据新制度经济学相关理论,依据制度变迁中制度主体对制度选择和制度变革行为的差异,可以将制度变迁分为诱致性制度变迁和强制性制度变迁。在中国由计划经济体制向社会主义市场经济体制过渡的过程中,中国特色经济金融体制改革的独特之处在于选择了相对温和的、诱致性制度变迁路径,采取了渐进式的经济金融体制变革,逐步推动社会主义市场经济的完善。可以说,中国的渐进式改革方式主要表现为从"易"到"难",从传统体制外到传统体制内,从传统体制内易于突破的外围到需要攻坚的内核的改革顺序(中国社会科学院经济体制改革30年研究课题组,2008a、2008b)。

也就是说,我国渐进式改革最为重要的特点是以不改变国家根本制度为前提,以利益诱导方式逐步推进中国特色制度的逐步变革。因此,利益调整是渐进式改革的核心环节。作为改革中重要组成一环的地方政府,一直处于广泛的变革中,地方政府功能被大大激励并释放出来。在这一过程中,地方政府扮演的角色也随之发生了很大变化。地方政府逐渐从单纯的中央政策服从者演变为具有相对自主权的行为自主者,从中央政府的派出者变为有一定利益的主体。通过行政和政治分权改革,地方政府成为经济发展的直接行动者,形成了财政分权体制和官员评价晋升体制两种重要的地方政府官员激励机制,形成了特殊的中央与地方关系。

在经济金融改革开放过程中,为了充分调动地方政府的积极性,在中央政府集权的基础上,我国持续推进各级地方政府的放权改革,即行政分权和政治分权。通过行政分权,中央政府将税收、工商管理、发展和改革等经济职能交由地方政府管理,上级职能部门与地方职能

部门保持密切的纵向合作关系,但并不直接控制地方职能部门。因此,地方政府被赋予了很大的经济决策权。通过政治分权,改变了地方官员的任命权。中央政府只负责任命省级官员,而省级政府有权任命其管辖范围内的市级官员。同时,在地方政府范围内,各级官员的考核、任免也都由上一级党委和组织部门决定。通过行政分权和政治分权的改革,地方政府逐渐成为地方经济发展的直接行动者,并且逐步形成了面向地方政府官员的两种重要的激励机制,即财政分权体制和官员考核晋升体制,形成了一种特别的央地关系。

二、财政分权体制

根据财政分权理论,中央政府向地方政府转移财政收入和支出权力有利于推动经济增长。从现实情况看,自 20 世纪以来,全球许多国家都呈现出财政分权的趋势,其中许多发展中国家通过财政分权向地方政府释放部分财政权力。在我国由计划经济体制向市场经济体制转轨的过程中,地方政府行政职责范围不断扩大,教育、医疗等都划归地方政府行政职能范围。在这一行政分权的过程中,财政分权问题引发学术界和政策界的普遍关注。

改革开放初期,我国实行的是财政承包制。1994 年,我国开始推进实施分税制改革①。分税制改革刺激了地方政府积极拓展本地税收来源,从而承担起行政职能。分税制改革在很大程度上提高了中央政府财政收入占 GDP 的比重,并由此带来中央与地方财政收入格局的大变化。也就是说,通过分税制改革,我国财政收入更多地集中于中央政府,但财政支出的责任和职能仍然在地方政府。在这种情况下,为了增加本地的税收来源,各个地方政府有着很强的动力发展干预本

---

① 始于 1994 年的分税制明确划分中央独享的税种(如消费税)、地方独享的税种(如营业税、所得税)和中央与地方共享的税种(如增值税)。2002 年以后,所得税调整为共享税种,与土地有关的税费基本上是地方独享。

地经济,从而实现财政收入最大化(周业安、姚坚毅,2004)。

三、政府官员晋升考核体制

由于我国社会政治结构的特殊性,政府在社会主义市场经济体制中仍然发挥了重要的作用。实际上在这种结构下,各级政府往往倾向于通过直接或间接的方式干预社会经济资源的配置。同时,经济增长速度的各个指标一直是改革开放以来各级政府的主要考核指标。也就是说,20 世纪 80 年代以来,伴随行政分权和政治分权的推进,中国地方政府官员的选拔晋升标准也开始由最初的单纯政治指标转变为经济增长的绩效指标,尤其是重视地方政府 GDP 的增长绩效。

许多学者的研究表明,地方政府各级官员晋升的概率与当地经济发展的绩效密切相关。也就是说,如果地方经济绩效提高,则属地政府官员获得晋升的概率就会明显增加,而地方经济绩效的下降能够显著增加地方政府官员离任的可能性。这种机制必然导致各个地方政府之间的竞争。因为在地方各级政府官员的任命中,同一行政级别的地方政府官员都处于政治晋升的博弈中。也就是说,给定一定数量的官员晋升指标,一个人被提升就会直接减少其他人被提升的机会(黎文靖等,2012)。

四、地方政府行为的双重属性框架:"经济人"与"政治人"

改革开放前,在计划经济体制下,中央集权使得地方政府仅仅作为整个行政体系中的一级。地方政府主要是接受和执行中央政府的相关计划,完成上级政府的目标任务,没有自身独立的经济利益,也没有自主支配的经济社会资源,因而也就不具备"经济人"特征。随着财政分权的推进和以 GDP 为主导的地方政绩考核标准的实施,地方政府在我国经济社会体系中的地位发生了根本性的变化,地方政府逐渐开始具有双重身份：一方面，作为中央政府的地方行政部门，它具有"政治人"的身份；另一方面，作为地方行政部门经济利益的代表，它具有"经济人"的身份。在这种情况下，地方政府开始面临经济和政治上的双重激励。

在双重身份和双重激励下，地方政府行为的目标函数也发生了相应变化。一方面，作为"政治人"，其追求任期内考核绩效最大化；另一方面，作为"经济人"，其追求地方经济社会发展和居民社会福利最大化。在实践中，地方政府往往以局部利益和短期目标为行为指引，这导致地方政府行为与中央政府行为存在重重矛盾。也就是说，各级地方政府的行为往往取决于自身偏好和目标函数，在一定程度上形成了中央政府与地方政府之间，以及地方政府之间的博弈关系。这主要体现在三个方面。

第一，中央政府与地方政府之间的博弈。地方政府往往在财政分配上讨价还价，积极向中央政府争取先行试点政策或者开发区政策，借此获取中央政府在税收、投资审批、招引外资等方面的特殊优惠政策。

第二，地方政府之间的博弈行为。各个地方政府都具有独立利益，都以发展本地区经济为主要任务，因此，地方政府存在两种行为倾向。一种是想方设法增加本地所能提供的公共服务，制定本地区的投资优惠政策，从而吸引国内外投资流入；另一种是出台地方性的保护限制政策，从而控制各种资源流入本地。

第三，地方政府对市场和企业行为的干预。地方政府"经济人"目标的实现，离不开地方企业的支持和对地方市场的参与。也就是说，地方政府为了完成经济增长目标、财政收入目标等绩效考核指标，往往会加强对企业的干预，将企业效用函数纳入地方政府自身的行为偏好。

可见，在我国财税体制和官员晋升考核体制下，地方官员面临着"经济人"和"政治人"双重属性所带来的双重激励。因此，地方政府往往具有很强的动力来干预地方经济的发展和地方经济资源的配置。金融作为重要的生产要素和经济资源,同样是地方政府博弈的重要领域。地方政府往往通过多种渠道参与本地金融市场,影响金融机构行为,从而获取更多可以支配的金融资源,这在客观上影响了地方金融的发展模式与发展路径。

第二节　区域金融发展中地方政府行为的理论分析

在我国特定的经济分权、政治集权和政府主导体制改革的制度安排下,地方政府实际上承担着推动本区域经济发展的重任,出于财政分权制下经济利益和政治晋升博弈下政治利益的考量,地方政府在我国区域金融发展中一直扮演着非常重要的角色,地方政府参与区域金融发展是我国经济高速增长中一道独特的风景线。同时,根据传统的金融发展理论,金融发展与经济增长之间往往存在相互推动和相互制约两种关系。从大多数发展中国家的实践来看,金融体系和经济发展之间往往存在相互制约的关系:金融体系的不合理性和滞后性束缚了经济的发展,经济的滞后又进一步制约了金融体系的发展和完善,这样就造成了两者之间相互促退的恶性循环。进一步分析这种恶性循环产生的原因,一方面在于,发展中国家本身的金融体系普遍存在诸多问题,如货币化程度低、银行金融体系采用"二元结构"、金融市场落后等;另一方面,政府对金融发展的干预存在不当之处。发展中国家的政府在其金融经济发展中到底应该扮演什么样的角色,这种作用的发挥应当基于何种制度和技术前提,以及如何在金融经济环境的变化中做出正确的抉择,是当前发展经济学面临的富有挑战性的课题。

一、地方政府在区域金融发展中的行为模式分析

（一）地方政府在证券市场中的参与

证券市场在地方经济发展中扮演着非常重要的角色。股票市场是金融市场的重要构成部分,股票市场发展水平可以在很大程度上阐释地区经济增长的差距,对于地区经济增长和结构调整具有重大意义。在我国,资本市场和直接融资规模日益扩大。同时,各级地方政府越来越关注证券市场发展,强调利用企业上市来推进招商引资和产业结构调整,进而提升区域竞争力。在现实中表现为,各级地方政府倾注了极大的热情,特别重视推进各自辖区内企业上市,从而推动本土企业更好利用资本市场。

实际上,从政府的绩效考核看,上市公司数量和质量同样是地方政府政绩指标的重要衡量标准,上市公司往往是地方经济发展的经济名片。而且,地方政府积极推进本地企业上市后,还能够实现政府与企业间的双向利益输送,有助于同时实现政策资源配置和地方政府的政绩目标。因此,地方政府往往会将本地的要素资源和政策资源等向上市公司倾斜。从企业的角度看,上市公司也更加愿意帮助地方政府积极解决地方经济发展问题,实现地方经济发展目标。

为了推进企业上市、更好利用资本市场资源,地方政府不仅在最初参与推进企业的市场化和再融资,包括出台地方性的支持性、鼓励性政策文件,还往往会参与到企业上市和后续经营的实践中。从具体情况来看,地方政府的相关鼓励性措施覆盖信贷、财政、税收、土地等多个方面;同时,一些地方政府还会对上市企业给予一定的货币化奖励;有的地方政府还会直接参与企业的资金融通,参与企业的上市改制过程。

（二）地方政府对商业银行体系及信贷资金配置的引导

改革开放以前,我国银行隶属于财政系统,对整个实体经济的影

响相对较小。相应地,地方政府对银行部门的关注度和参与度并不高。随着市场化改革的推进和我国商业银行体系的逐步构建,商业银行在我国整个金融体系和经济发展中的影响力日益增强。在这一过程中,地方政府开始更多关注银行部门,并试图加强对商业银行等金融机构的参与和干预。在地方政府和各级商业银行的关系中,伴随地方政府自身改革的持续推进,地方政府在对商业银行的信贷资源进行配置的过程中不断调整其干预方式。

改革开放初期,地方政府对商业银行的控制方式主要是行政手段,金融工具一定程度上成为地方政府的"第二财政"。随着市场化改革的推进,地方政府干预金融的方式逐渐发生变化,由最初的直接干预逐步转变为间接干预和隐蔽干预。地方政府对商业银行的控制力体现在:引导金融机构为指定企业融资、为特定企业提供贷款支持;对金融机构人事权的干预;对金融机构经营环境、用电用水用地环境的影响;对金融机构的财政政策支持、产业政策支持;等等。地方政府对金融机构的干预还体现在地方政府积极建立与壮大本地金融机构,着力建立小而全的地方金融组织体系。当国有商业银行无法满足地方经济发展的需要,或者说地方政府无法更多实现国有商业银行向本地经济主体的倾斜时,地方政府往往倾向于通过相应的制度安排来构建地方金融组织体系。通过地方金融组织体系的构建,地方金融机构的数量得以增加,规模得到扩张,尤其是发达地区,区域金融规模迅速扩张。地方金融机构的成立,便利了地方政府对金融资源的干预。

(三)地方政府通过地方融资平台间接获取信贷资金

地方政府融资平台是指在地方政府主导下成立,为地方基本建设进行变相融资的企业实体。一般来说,地方政府在法律许可范围内向平台公司注入土地、资金、房产、股权等地方资源,地方政府为平台公司的债务提供隐性担保,并以项目未来收益权、土地出让金收入、地方财政收入等作为未来还款来源。1979年8月,国务院批准《关于基本建设投资试行贷款办法的报告》,明确基本建设投资逐步由财政拨款向银行贷款过渡,在基本建设领域开展"拨改贷"试点,改变了政府财政无偿拨款的计划经济模式,以此提高基本建设项目的投资效益。1993 年,随着我国计划经济体制向社会主义市场经济体制转型,投融资体制投资项目被划分为公益性、基础性和竞争性三种类型,从而明确了地方政府投资与企业投资的范围。其中,公益性项目由政府投资,基础性项目以政府投资为主。自此,不少地方政府开始组建融资平台公司,但最初主要的融资渠道仍然局限于银行信贷。

1997 年东南亚金融危机和 2008 年美国金融危机的爆发,刺激了地方融资平台的快速发展。我国的银行贷款和城投债规模迅速扩大。2010 年 6 月,国务院发布《国务院关于加强地方政府融资平台公司管理有关问题的通知》(即"19 号文"),加强了对城投公司贷款扩张尤其是贷款总量的限制,但以影子银行和债券形式存在的地方政府债务仍不断扩张。2014 年 9 月,国务院发布《国务院关于加强地方政府性债务管理的意见》(即"43 号文"),明确规定剥离融资平台公司的政府融资职能,不允许地方融资平台公司新增政府债务。2018 年 8 月,国务院发布《国务院关于防范化解地方政府隐性债务风险的意见》(即"27号文"),加强了对隐性债务的甄别与化解工作。

虽然国家加强了对地方政府债务与隐性债务的管控,但仍然存在一些新情况、新问题。例如,个别地方政府通过融资平台、新型融资方式违法违规或者变相举债,金融机构违规放贷,各方共同作用使地方负债"表外化"、财政风险金融化等问题持续放大,导致区域性财政安全与金融稳定存在一定隐患。

二、区域金融发展中地方政府行为的效应分析

(一)地方政府参与金融发展是金融市场失灵的必然选择

由于信息不完全,金融市场本身就会出现监管外部性、风险传染

性、逆向选择和道德风险等问题。此外,由于金融市场本身的高风险特征,完全竞争市场不利于金融机构的风险规避,不完全竞争是金融市场的正常状态。这种不完全竞争的状态,也为政府对金融市场的参与提供了依据。也就是说,金融市场的失灵为地方政府参与区域金融发展提供了合理性。一般来说,金融市场的失灵主要体现在以下三个方面。

1. 金融市场的信息不对称

银行等金融中介机构的存在,在一定程度上解决了信用主体之间的信息不对称问题,但同时也产生了银行与存款人、银行与贷款人之间的信息不对称问题,容易产生逆向选择和道德风险问题,从而导致整个金融体系价格信息传递失败,带来金融市场效率低下的问题。事实上,信息是金融机构进行决策的重要依据,金融机构通过获取和处理信息来做出相应的决策。然而,在现实中,这种信息往往是不完整和不对称的。这种信息不对称可能导致资金安排有限或根本不存在。具体表现在两个方面:第一,逆向选择问题。如果银行在现实中难以获得相关企业和项目的准确信息来确定贷款的利率,那么高利率将导致投资项目最安全的企业逐渐退出信贷市场,最终需要和获得贷款的企业往往是面临更大财务风险的那部分。因此,提高利率水平可能会使需要贷款的公司做出相反的选择。为了解决这一逆向选择问题,银行可以降低利率水平,甚至可以把已经能够满足一些公司对贷款要求的利率水平降得更低。在这种低利率水平下,会产生相关公司对贷款的过度需求,这样就迫使银行使用非价格机制来分配信贷,与信息不对称条件下的信贷发放量相比,逆向选择减少了信贷发放量。第二,道德风险问题。如果银行不能完全控制贷款后的企业投资行为,那么提高利率可能会导致企业管理人员调整投资计划,他们会倾向于投资风险更高、收益更高的一些项目。为了减少这种道德风险问题,银行最初可以维持一个相对较低的利率水平,前提条件是该利率水平能够以远低于贷款市场出清水平的利率实现。

化解逆向选择和道德风险问题,客观上要求地方政府对区域内金融市场和金融机构的行为进行必要的参与和引导。从解决办法的根源来看,重点是解决信息不对称问题,比如由政府为金融机构的行为提供必需的信用信息。

2. 金融风险的传染性

如果一家金融机构面临破产风险,或者其偿付能力和资产管理等受到负面消息冲击,市场投资者往往会将该金融机构的破产视为整个金融行业面临的共同问题,并倾向于撤回他们在所有金融机构的投资。此外,个别金融机构往往不考虑其个体行为可能导致的更广泛的不稳定和系统性失灵风险。因此,从整个社会的发展前景来看,个别金融机构可能面临过大的金融风险。由于信息传导机制的扭曲失效,以及信息的非标准化,市场往往对这种传染性无能为力。金融风险的跨机构、跨市场传染,容易引发系统性金融风险,在这种情况下,地方政府有必要进行干预和化解。

3. 金融监管中的"搭便车"行为

金融监管往往针对两类对象,即资金的需求者和资金的供给者,它们分别是金融中介机构和公司。由于对金融中介机构和公司的监管需要花费很多时间和成本,而金融中介机构和公司都拥有数量众多的小股东,监管的激励较小,所以,在监管过程中经常会出现"搭便车"行为。许多投资者或者股东不会把自己的资源投入于对金融中介机构和公司的监管上,而是通过对其他大股东的观察跟随,或者是使用他们的研究结果来制定自己的对策。

金融监管中的"搭便车"行为可能带来诸多问题,主要体现在三个方面。第一,金融中介、机构或企业投资项目的风险和收益没有得到充分有效的评估与监管,这可能会导致整个金融体系的资源配置效率低下,从而不利于经济增长。第二,对金融中介机构的监管不足也会导致金融中介机构运营的不确定性增加,这可能会放大经营风险,并由此影响资金提供者的外部融资,进而不利于资本流动。第三,外部监督不足可能导致内部控制问题。管理者往往以牺牲所有者利益为代价来谋取个人利益,这将影响到公司的长远发展。因此,为了扭转金融市场监管中的"搭便车"行为,政府应该为金融中介机构的自我管理和私人监督提供政策保障与政策激励。

(二)区域金融发展中地方政府行为的负面效应

分税制改革后,地方政府财力下降,地方融资平台公司成为地方政府获取资金、推动地方基础设施建设的重要资金来源。需要注意的是,地方政府对区域金融发展的干预存在明显的负面效应。

1. 金融机构风险管控意识淡薄,盲目放贷导致财政风险金融化

基于对投资安全性、收益性以及规避相关管制等因素的考量,金融机构通常会非常积极主动地参与地方政府的融资项目。而且,在"风险大锅饭"体制下,金融机构对政府性债务普遍存在财政兜底幻想,认为地方政府不会破产也不敢破产。因此,各家金融机构对政府类融资项目表现出很高的积极性,甚至并不严格按照市场化原则对项目风险进行评估。个别金融机构甚至主动放松对金融风险的管控要求,进一步促成了大量违法违规融资行为的发生。客观上看,金融机构的盲目放贷加剧了财政风险的金融化倾向,一旦地方政府出现无力清偿财政义务的情况,财政风险便会立刻体现在金融系统中,导致地方政府财政风险快速蔓延至商业银行和其他金融实体,进而给区域性金融安全和金融稳定带来连环冲击。

2. 地方政府采取新型融资方式,隐性政府债务不断攀升

自 2014 年"43 号文"发布之后,传统的平台融资方式受到严格监管,政府和社会资本合作(PPP)模式、政府购买服务和政府性基金等新型融资方式开始活跃,并逐渐发展成为地方政府变相举债的新型手段。PPP 项目真正落地实践难度大,且许多 PPP 项目经包装后成为

政府隐性债务。一些地方政府通过虚构项目、虚增投资额、伪造财务数据等方式,使财政承受能力论证缺乏可信度,不仅没有化解存量地方债务,反而通过承诺本金回购或最低收益形成了隐性债务,背离了PPP推行的初衷。此外,一些地方政府以政府购买服务名义支付建设资金,不同程度存在政府向社会资本承诺兜底回购、固化收益等违规行为。在政府性基金的运作过程中,由于投资项目自身现金流不足以覆盖基金的本息,存在地方政府偏向明股实债、承诺兜底回购等异化行为。

3. 融资平台清理转型困难,债务叠加加剧地方负债"表外化"

宏观经济面临调整压力,分税制改革未完全到位,地方融资平台数量多且内部转型动力不足,这些因素限制了地方融资平台的成功转型。在现实中,有的地方政府只是从名义上将融资平台债权债务关系与政府信用隔离,债务本身并未消除;有些融资平台虽然已经剥离了政府融资职能,但实际并未完成转型,对政府的依赖程度依然很高;有些融资平台即使很早就声明退出,且开始开展部分经营性业务,但基础设施建设项目收入、工程结算收入、土地使用权转让收入等公益性项目之和占比仍居高不下。客观来看,融资平台与地方政府相互依赖的现状短期内难以改变,融资平台既要为政府办事,也离不开政府的支持,很难成功转型为完全市场化的自负盈亏的经营主体。此外,融资平台目前大多缺乏还款来源,造血能力弱,且投资的项目效益不高,偿债主体不明确,一旦无法自给自足,仍会将债务转嫁给地方政府。

4. 信贷资金对弱势群体的普惠金融支持仍然不足

地方政府对金融资源的干预导致了金融资源配置的失衡,体现在弱势群体并不能获取充足的资金支持。进入实体经济的资金,绝大部分流入地方融资平台、国有企业和骨干企业等。长期以来,这类企业凭借自身优势获得了廉价可观的信贷资源,并在一些领域出现了产能过剩、负债过高的现象,而"三农"企业和小微企业长期处于劣势,不仅难以获取信贷资源,而且融资成本高昂、融资负担极重。这些现象的存在导致了我国货币化程度虽高,但金融对实体经济的拉动作用极其有限,而且会同时引发不同领域"钱荒"和金融泡沫并存的现象。也就是说,资金错配和空转导致近年来许多过剩行业生产规模进一步扩大,一些新兴行业和众多小微企业则难以获取信贷资金支持。而在这一过程中,金融机构和投资者风险偏好的提高起到了推波助澜的作用,大量金融机构通过金融创新和表外业务的拓展实现借短投长和杠杆投资的策略。此外,商业银行在流动性贷款的产品设计上也存在诸多问题,如期限不合理、业务品种单一、服务模式不灵活等,这些因素严重影响了小微企业的正常生产经营,甚至倒逼小微企业通过民间金融的高息贷款来解决短期资金周转问题。

第三节　浙江政府引导区域金融发展的路径及举措

在中国金融市场化改革的过程中,政府的行政力量发挥了关键作用。因此,自 1978 年以来,中国金融改革的实质是由政府主导到政府引导的金融制度变迁过程。自 2012 年以来,温州、珠三角、丽水、泉州等区域性的金融改革在全国风起云涌,地方金融改革成为社会各界关注的一大热点。"自下而上"的地方金融改革与"自上而下"的中央层面的改革共同推动了中国金融改革与发展大潮。实际上,在浙江地方金融改革与发展过程中,浙江的地方政府始终扮演了非常重要的角色。在浙江推动金融高质量发展强省建设和深化现代金融治理的过程中,地方政府行为同样是我们观察浙江金融改革与发展的重要视角。

一、浙江区域金融发展规划的持续推进

（一）浙江省金融业发展"十一五"规划：四个区和金融强省

"十一五"时期，以邓小平理论和"三个代表"重要思想为指导，全面落实科学发展观，紧紧围绕省委、省政府深入实施"八八战略"，以及全面建设"平安浙江"、努力建设"法治浙江"的战略部署，浙江省持续深化金融改革，完善金融服务，加强金融监管，优化金融生态环境，确保金融稳定，坚持金融与经济良性互动发展，坚持以改革促发展，坚持金融创新与稳定发展并举，坚持政府引导和市场主导相结合。

浙江省"十一五"金融业发展规划明确提出，要把浙江打造成"金融改革的先行区、金融发展的繁荣区、金融生态的优质区、金融运行的安全区"，初步确立浙江在全国各省中业务发展领先、改革创新领先、服务效益领先、运行质量领先的"金融强省"地位。力争到 2010 年，浙江基本形成国内外多种所有制金融机构共同发展的金融组织体系；基本形成货币市场、资本市场和保险市场协调发展，具有多种融资平台、具备各种金融交易工具的多层次金融市场体系；基本形成高效开放、创新活跃、服务优质，与浙江经济相互促进、共同发展的现代金融体制和运行机制；基本形成监管有力、规范诚信、运行安全的良好金融生态环境。

（二）浙江省金融业发展"十二五"规划：一个强省、两个中心

"十二五"时期是浙江省全面实施"八八战略"和"创业富民、创新强省"总战略，加快推动科学发展和转变经济发展方式的关键时期。以科学发展观为统领，浙江省紧紧围绕"八八战略"和"创业富民、创新强省"总战略，以加快转变经济发展方式为主线，强化金融对经济转型升级的支撑作用，进一步提升金融服务能力和保障能力，进一步提升金融业的自身发展水平和竞争能力，进一步提升金融集聚能力和均衡发展水平，形成与经济社会协调发展的金融支撑体系，实现金融业的

创新驱动、内生增长,促进经济社会持续平稳健康发展。

浙江省"十二五"金融业发展规划明确提出了"一个强省、两个中心"的金融发展目标,着力打造全国领先、特色鲜明、具有较大影响力的"中小企业金融服务中心"和"民间财富管理中心",进一步推进浙江"金融强省"建设,推进金融产业强和金融服务能力强,实现金融与经济社会的良性互动、协调发展。通过"一个强省、两个中心"建设,实现浙江省金融业发展从单一目标向"强经济"和"强金融"双目标拓展;通过"两个中心"支撑和凸显"金融强省"的特色,进一步增强金融保障能力、创新能力、集聚能力、竞争能力,实现金融保障服务能力和金融产业自身发展水平"双提升",逐步形成浙江金融的主导产业格局、特色功能体系、核心竞争能力和生态环境支撑系统。

民间资本多而中小企业融资难,一直是浙江省金融面临的显著难题。推进以"中小企业金融服务中心"和"民间财富管理中心"为主要内容的浙江金融强省建设是"十二五"期间浙江金融改革发展的重要目标。浙江经济面临的产业空心化和低端化问题严峻,转型升级迫在眉睫,区域金融稳定受到威胁。通过地方金融改革引导区域金融资源的配置和流向,不仅能有效解决企业融资难、民间资本投资难问题,而且能从根本上规避及防范区域性金融风险的积累与爆发。

浙江省金融业发展"十二五"规划明确提出加快建设长三角南翼金融集聚区,形成以区域金融中心城市为核心、区域金融特色城市为支撑、金融创新示范县(市、区)为亮点、其他地区金融服务均等化为基础的多层次金融空间布局。

(三)浙江省金融业发展"十三五"规划:从"大金融"产业格局到钱塘江金融港湾

"十三五"时期,以党的十八大和十八届三中全会、十八届四中全会精神为指导,围绕实施"八八战略"、建设"两美"浙江和干好"一三五"、实现"四翻番"目标,坚持"结合经济看金融、结合国际看浙江,立足服务实体经济、立足创新提质发展"的原则,浙江主动对接上海国际金融中心建设,密切关注美国纽约、英国伦敦、新加坡、中国香港等国际金融市场发展趋势,构建适应经济新常态的新金融体系。

浙江金融业发展"十三五"规划提出要着力构建五大金融产业、四大金融平台、三大区域金融布局的"大金融"产业格局,加快金融机构、金融市场、金融业务创新,进一步推进浙江"金融强省"建设,实现金融产业实力强和金融服务实体经济能力强。要打造具有浙江特色的金融产业体系,形成各具优势的五大金融产业,即银行业、证券业、保险业主力金融及浙商总部金融、私募金融、互联网金融、草根金融产业;要发挥各方金融资源协同效应,着力建设支持浙江省"大金融"产业发展的四大平台,即直接融资平台、产业基金平台、地方交易市场平台、金融控股平台;要按照"一区域一特色"的金融产业空间布局思路,着力建设杭州与宁波两大金融核心区域、若干区域金融特色城市和一批金融特色小镇。

(四)浙江省金融业发展"十四五"规划:金融高质量发展强省和区域金融治理先行示范区

"十四五"时期,以习近平新时代中国特色社会主义思想为指导,坚持党的全面领导,坚持以人民为中心,立足新发展阶段、贯彻新发展理念、构建新发展格局,浙江省以深化金融供给侧结构性改革为主线,以金融服务实体经济为根本,以数字化改革为引领,统筹区域金融发展、改革和稳定,开拓金融服务新发展格局的有效路径,推进现代金融体系和治理体系建设,牢牢守住不发生区域性、系统性金融风险的底线。

浙江金融业发展"十四五"规划明确提出,要把浙江基本建成高端资源集聚的金融服务战略支点、内外循环相互促进的金融要素配置枢纽,打造金融高质量发展强省和区域金融现代治理先行示范省。具体来说,围绕新发展格局,搭建数智金融平台,提升服务实体经济能力、服务百姓普惠金融能力、金融产业高质量发展能力和金融风险防控处置能力，加快打造全国一流新兴金融中心，深入实施融资畅通工程、"凤凰行动"两个升级版，积极打造国际金融科技创新、多层次资本市场发展、民营和中小微企业金融服务三大高地，联动建设具有全国引领示范效应的科创金融、绿色金融、普惠金融和开放金融四大特色带，形成一批突破性、标志性成果。

二、浙江区域金融发展重要举措

（一）积极推动国家级区域金融改革试点在浙江落地

自 2012 年以来，浙江先后获批多个全国性地方金融改革试点，各个试点的金融改革内容与发展侧重点不尽相同。2012 年 3 月，国务院会议决定设立温州市金融综合改革试验区，明确提出温州金融综合改革 12 项任务。2012 年 5 月，中国人民银行与浙江省人民政府联合发文，决定在丽水开展农村金融改革试点，构建资本充足、功能健全、服务完善与运行安全的现代农村金融制度。2022 年 9 月，丽水再度获批国家级普惠金融服务乡村振兴改革试验区，进一步探索普惠金融服务乡村振兴的可行路径，明确构建多元化金融业态、加大重点和薄弱领域金融支持、强化信贷融资服务机制、加快金融基础服务设施建设等 4 个方面 17 条举措。2012 年 12 月，国务院决定在台州市开展小微企业金融服务改革，力图通过专营化金融机构的创新和互联网金融服务模式的创新、支持小微企业的境内外直接融资、信用体系的完善等，从根本上探索解决小微企业融资难题。2013 年 9 月，义乌市政府发布义乌金融改革专项具体方案。作为义乌开展国际贸易综合改革试点的配套性金融专项方案的主要内容，该方案强调有关贸易的金融创新，具体包括推动个人跨境贸易的人民币结算业务试点、减少有关服务贸易的金融约束、探索贸易金融发展的新模式、推动贸易和投融资的便利化等。2016 年 6 月，首个国家级保险创新综合试验区落地宁波市，主要探索以下 3 个方面的创新:一是在具体险种上,更深更全地覆盖推进;二是在保险资金运用上,大力发展服务双创保险业务;三是在模式创新上,打造保险创新产业园,加强保险信用体系建设。2019 年 12 月,继宁波国家保险创新综合试验区后,宁波再度获批创建全国普惠金融改革试验区,着力打造全国普惠金融改革先行区、服务优质区、运行安全区,提升金融服务实体经济与社会发展的精准性和有效性。2017 年 6 月,衢州、湖州两地绿色金融改革创新试验区启动,两地侧重点不尽相同:湖州金融改革注重金融服务绿色产业创新升级,衢州金融改革强调金融支持传统产业绿色转型升级。2022 年 11 月,杭州、嘉兴获批科创金融改革试验区,试验区将着力探索建立科创企业的认定标准,创新科创金融产品和服务,构建并完善科创金融的政策支持体系。

(二)"凤凰行动"计划助力企业上市与并购重组

从宏观层面看,资本市场是现代金融的核心,对公司现代化治理和企业竞争能力的提升有着重要的作用,并能够从多方面推动经济增长的持续和增长质量的提升。对于地方经济而言,资本市场的发展,能够推动实现区域经济存量盘活和增量发展,从而有助于推动地方经济转型。2017 年 9 月,浙江省首次出台"凤凰行动"计划。2021 年 3 月,浙江省在深化原有"凤凰行动"计划成果的基础上,提出"凤凰行动"新五年计划(2021—2025 年),力争到 2025 年全省境内外上市公司达到 1000 家。

浙江省各地方政府持续从多个方面推进企业上市并购。一是建立梯队培育制度,不断丰富后备资源库。具体来说,按照"上市一批、申报一批、培育一批、储备一批"的思路,构建梯队式的稳步推进模式。具体通过上门调查走访、企业座谈会、信息沟通等多种形式,及时发现可以培育的资源,有计划地加以培育扶持。二是建立跟踪服务制度,逐步化解上市难题。加大联合推动上市的服务力度,建立健全企业联系、定期访问和信息沟通制度,及时解决企业上市过程中遇到的问题,为拟上市的企业提供全方位的服务。三是加强相关宣传培训,营造良好氛围。通过建立企业上市培训机制,组织企业进行境内外上市推介、专题研讨、参观考察等,助力企业了解相关知识和政策;加强与上市中介机构沟通,充分发挥专业机构的资源优势;加大上市政策宣传力度,及时传递有效信息,通报企业上市培育进展情况,营造"企业积极争取,部门合力推动"的良好氛围。

2022年初,浙江省成立"凤凰丹穴"平台,围绕拟上市后备企业培育、上市公司高质量发展等核心业务,与深圳证券交易所等合作打造了全省统一的数字化平台。针对企业上市中面临的一些难题,如对资本市场政策信息获取不够全面及时、对接专业投资机构渠道不够顺畅、上市政务服务缺乏集成性线上办理渠道等问题,"凤凰丹穴"平台通过数字化手段集聚企业上市所需的政策法规、业务知识、专业机构、融资渠道、政务指南等资源要素,全方位助力企业上市。截至2023年上半年,"凤凰丹穴"系统已集成上万条资本市场法律法规、十几万条案例函件、上百个业务任务事项要点、上百条并购产业链指引、600余门专业视频课程、上百条地方政策、80余个企业上市"一件事"服务办理事项、30余个税收政策服务事项要点等政策业务知识;共有2700家以上的企业入驻,近百家重点拟上市后备企业通过画像模型进行了上市智测画像。

（三）率先实施"融资畅通工程",打通企业融资"最后一公里"

2019年2月,浙江省启动实施"融资畅通工程",旨在解决民营企业特别是小微企业融资中存在的堵点难点问题,打通民营企业融资的"最后一公里",在供应链、科创、绿色、普惠等方面创新探索金融服务,为经济高质量发展提供金融保障。浙江着力在两个方面畅通企业融资。第一,全力推动融资扩面增量。鼓励金融机构实施逆周期政策,争取央行专项再贷款、再贴现和政策性银行专项贷款等低成本资金,加大对小微企业、"三农"等重点领域的资金支持力度,大力鼓励普惠金融发展。第二,大力拓展直接融资渠道。推动融资方式创新,积极发展信用贷款,扩大知识产权、应收账款、不动产等新型抵质押融资覆盖面,增加针对制造业企业的中长期融资等。

以杭州市萧山区为例,其着力从以下四个方面深入实施"融资畅通工程"①。

1. 扩大总量,优化结构

萧山区对商业银行在本地的信贷资源配置加以引导,信贷规模保持稳定增长。2022 年末,萧山区金融机构本外币存贷款余额约为 1.3 万亿元,位居全省县(市、区)首位,其中,本外币贷款余额 6407.6 亿元,同比增长 13.8%。同时,信贷结构持续优化,其中,制造业贷款余额 1493 亿元,同比增长约 22.1%;普惠小微贷款余额 1337.7 亿元,同比增长约 26%;绿色贷款余额 635.1 亿元,同比增长约 42.2%;重点支持领域贷款的增速大幅度高于平均贷款增速。

2. 深化合作,加强政银企对接合作

萧山区深化政银企合作,推进区政府与政策性银行、国有商业银行等金融机构的战略合作,加大对区域内重点领域、重点平台、重点企业的信贷资金支持力度。常态化开展融资对接活动,组织线上线下银企对接活动、股权融资路演活动和企业融资合规主题培训。深化金融顾问队伍建设,积极主动为企业送政策、送服务。2022 年全年,萧山区共开展金融服务 50 余次,解决融资问题金额约 120 亿元,让企业有更强的融资获得感。

3. 深入帮扶,纾困解难

萧山区组织召开金融助企纾困专题工作会议,牵头实施金融助企

---

① 相关数据来源于萧山区发展和改革局。

纡困行动,为受困企业提供流动性支持,保护企业资金链安全。2022年全年在区内金融机构累计走访企业近 1.4 万家次,解决企业融资难题 6400 个,新增授信 592 亿元、贷款 414 亿元,为困难企业展期及续贷 283 亿元,降费让利 5935 万元。融资成本持续降低,2022 年末企业贷款加权平均利率 4.13％,较年初下降 0.64 个百分点,为有统计以来历史最低水平。

4. 数字赋能,融资便捷

萧山区深入推广"杭州 e 融"平台,通过综合运用政府部门、公共事业单位、金融机构等的大数据,配套提供企业社会信用查询、信用评级、贷后监控、投融资政策支撑等服务,提高融资效率。截至 2022 年末,平台累计入驻辖内企业 3.4 万家,完成授信超过 1 万笔,授信总额超过 300 亿元。萧山区深化本地智慧金融平台建设,间接融资模块实现与"杭州 e 融"平台无缝对接,同时搭载政策性融资担保功能;直接融资模块实现需求登记、线上对接等功能,让企业融资对接更加便捷、高效。

(四)依托特色小镇打造钱塘江金融港湾

2016 年,在浙江省金融业发展"十三五"规划等文件的基础上,浙江省提出打造"钱塘江金融港湾"的战略规划。该规划提出,钱塘江金融港湾的规划建设是"十三五"期间浙江金融优化布局、提升高度、增强服务实体经济能力的重要举措,也是未来 10—20 年浙江金融产业发展的重大战略。

钱塘江金融港湾发展的总体定位是:经过"十三五"时期乃至今后10 年以上时间的建设,构建起金融机构总部、金融要素市场、私募基金、互联网金融、金融大数据产业协同发展的财富管理产业链和新金融生态圈,将钱塘江金融港湾打造成具有国际影响力、在国内占据优势地位,具有强大资本吸纳能力、人才集聚能力、创新转化能力、服务辐射能力的财富管理和新金融创新中心,使之成为一流的金融要素集聚高地、金融要素交易中心,形成一流的金融要素辐射能力。

浙江省"十三五"规划明确提出,要打造钱塘江金融港湾等资本集聚转化大平台,打造中国金融版图上的浙江高地。2016 年,浙江省首次公布《钱塘江金融港湾规划》。2022 年 1 月,浙江省发布《钱塘江金融港湾发展实施计划(2021—2025 年)》,提出要支持杭州重点打造金融城和钱塘江金融城,唱好杭州、宁波金融"双城记",打造包括杭州、宁波、湖州、嘉兴、绍兴、舟山在内的六大金融创新中心,持续推进金融小镇升级发展。特色金融小镇作为浙江金融集聚的新兴形态,打破了以传统金融为中心的金融集聚形态,是构建钱塘江金融港湾的重要抓手。

1. 杭州上城区玉皇山南基金小镇

玉皇山南基金小镇位于杭州上城区,2015 年 5 月正式挂牌。小镇成立之初,以格林尼治基金小镇为发展模板,力图打造对冲基金生态圈和产业链,建立中国对冲基金集聚区、对冲基金研究交流中心、金融创新培育基地等。玉皇山南私募(对冲)基金小镇按照四期进行开发,集约化引进与培育各类私募(对冲)基金、量化投资基金、私募证券期货基金和相关金融中介机构。近年来,玉皇山南基金小镇着力探索集聚股权投资类(天使投资、创业投资、股权投资)、证券期货类(对冲基金、量化投资基金)、财富管理类投资机构等多元化的金融产业集聚区。

近年来,玉皇山南基金小镇以股权投资类、证券期货类、财富管理类投资机构为产业核心,以金融中介服务组织为补充,形成了完整的新金融产业链。截至 2023 年 4 月,玉皇山南基金小镇已集聚金融机构 2301 家,总资产管理规模 11978 亿元;自创建以来累计实现税收超过 170 亿元,2022 年亩产税收 1160 万元,在浙江省特色小镇中位居前列;集聚 5000 余名金融人才,包括海内外领军人才 13 人、高层次人才 222 人,是浙江省特许金融分析师(CFA)人才最集中的区域之一;已获评国家 4A 级旅游景区、浙江省城乡风貌样板区(特色产业区类)荣誉称号。

2. 杭州余杭区梦想小镇天使村

梦想小镇坐落于杭州余杭区仓前街道,南至余杭塘河,北至宣杭铁路,东至杭州师范大学,西至东西大道。梦想小镇力图为创业者打造实现梦想的创业舞台,于 2015 年 3 月开园,分为互联网村和天使村两个部分。其中,天使村是实现创业创新的资金源所在,是梦想小镇发展的资本动力所在,也是梦想小镇中产业与创投金融结合的关键点所在。天使村致力于发展科技金融和互联网金融,力图构建覆盖企业整个生命周期的接力式金融服务体系。

3. 嘉兴南湖基金小镇

南湖基金小镇位于嘉兴市东南区域,长水路以南、三环南路以北、三环东路以西、庆丰路以东地块,规划占地面积约 2.04 平方公里,呈南北向狭长的长方形分布。南湖基金小镇借鉴美国沙山路金融规划,致力于集聚私募基金以及云计算、大数据、区块链等科技型企业,并辅以银行、投行、律师事务所、会计师事务所等为上述企业服务。南湖基金小镇建设前后共分为四期,包括亲水花园式办公楼、高层办公楼、配套商业、高端酒店、金融家俱乐部会所、论坛会场、金融人才培训中心、美式私立学校、公立学校、服务式公寓和部分配套住宅等在内的多种业态。其中,一期启动区致力于为优质私募股权投资基金、金融科技企业提供实体入驻的办公场所和环境。在具体运营上,采取企业主体、政府引导、市场运作的"政企合作"模式,实现政府审批与市场化招商同步进行,既重视提供高效便捷的专业服务,又重视营造和谐安全的金融生态环境,从而实现私募基金行业和区域经济共赢发展。

4. 金华义乌丝路金融小镇

义乌丝路金融小镇是义乌开展国际贸易综合改革试点的配套举措,是以金融业为主导、体现国际贸易特点的产业小镇。丝路金融小镇是承载丝路新区实施发展总部经济、加快现代服务业集聚战略的核心区,突出金融和商务两大主导功能,重点面向大中型现代服务业企业总部和区域性总部,引入商务办公、商业地产、高档酒店等项目。近年来,丝路金融小镇按照金融服务、文化会展、国际都市三大功能区块的布局开展建设。丝路金融小镇的建设,能够为义乌提供经济转型的金融支持,推动金融和国际贸易密切结合,推动构建形成专业化、特色化和差异化的金融发展模式。

5. 杭州萧山区湘湖金融小镇

湘湖金融小镇位于杭州萧山区湘湖国家旅游度假区,其致力于集聚共建"一带一路"国家民间资本、上市公司、大型金融企业等金融主体,同时以财富管理中介和金融信息服务作为配套,并以大数据、量化对冲、区块链等金融科技为基础。小镇毗邻杭州南站和萧山国际机场,交通便捷。萧山区政府出台相关产业扶持政策,为符合相关条件的金融机构提供办公用房补助、投资专项补助、项目落户补助、上市股改补助等,为金融行业高管人才提供补贴及各类人才待遇。同时,注重完善功能配套,引入各类教育资源、医疗资源,为高端金融人才集聚创造优良条件,从而助力金融机构集聚和金融人才集聚。

6. 西湖西溪谷互联网金融小镇

西湖西溪谷互联网金融小镇东至浙江大学玉泉校区,西至留下绕城西线,北至天目山路,致力于打造国内一流的互联网金融产业集聚平台。西溪谷互联网金融小镇已经形成了成熟的建设模式,近年来主要依据"一核、一带、多点"的建设模式推进。"一核"即互联网金融核心区,"一带"即西溪路互联网金融产业带,"多点"即古荡莲花商圈、福地创业区、山坞创投区等。同时,区域内风景秀丽,文化底蕴深厚,历史遗存丰富。从产业基础看,小镇已经具备了深厚的金融集聚产业基础,吸纳了一批知名的互联网金融企业,形成了首个全国互联网金融大厦。2017年,全国首个区块链产业园区落户小镇。小镇内已经充分集合了区位、产业、人才、资本、政策等优势。

第四章　浙江金融供给能力有效
提升的实践探索

浙江省贯彻落实中共中央、国务院关于金融工作的相关决策部署,持续深化金融供给侧结构性改革,推动金融产业和金融机构迅速发展,依托特色金融小镇打造钱塘湾金融港湾,推动浙江新兴金融中心建设,实现了浙江金融的高质量稳健发展,在金融强省的建设中走在全国前列。

第一节 浙江金融产业和金融机构快速发展

浙江省金融产业快速平稳发展,已经形成银行类金融机构、非银行类金融机构、新型小微金融机构等多种类型金融机构协同发展的金融机构格局,并持续深化金融机构改革、加快推动金融产品和金融服务创新。

一、浙江金融产业稳步发展

浙江省金融产业快速发展,金融供给能力显著提升,金融业增加值占比持续增加(见图4.1)。2022年,全省金融业增加值约6450亿元,占服务业比重约15.3%,占GDP比重约8.3%,增速(8.3%)高于全国2.7个百分点。相较于2003年,全省金融业增加值约451亿元,占 GDP 比重约 4.6%，占服务业比重约 22.6%。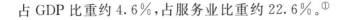①

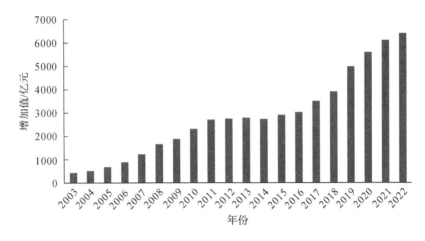

图 4.1 2003—2022 年浙江省金融业增加值

数据来源：Wind 数据库。

银行业保持稳健运行，银行体系金融风险总体可控。2021 年末，浙江省银行业金融机构本外币资产和负债总额同比分别增长 12.0% 和 11.7%。银行业资产质量保持平稳，年末不良贷款率约为 0.74%，比年初下降 0.24 个百分点。②

证券业和保险业保持平稳发展。证券机构体系进一步完善，证券、期货业务规模实现总体上升，企业上市融资稳步推进；保险业总体运行平稳，保费收入增速有所放缓，但服务民生功能不断增强，行业改革加速深化。

二、金融机构、金融产品和金融服务创新走在全国前列

浙江省各个金融机构积极关注企业金融需求，不断深化区域内金融机构改革发展，推动区域内金融产品和金融服务创新。

---

① 相关数据来源于 Wind 数据库。
② 相关数据来源于 Wind 数据库。

(一)浙江在全国率先开展农村信用合作社改革

2003年10月,国务院批准《浙江省深化农村信用社改革试点实施方案》。2004年4月,浙江省农村信用社联合社成立,在省政府领导下负责对全省农村信用合作社进行管理、指导、协调和提供服务。浙江农村信用合作社持续优化机构的空间物理布局,实现金融服务网点进入村镇;打造"五位一体"的丰收驿站,涵盖金融、电子商务、物流、民生、政务等五个关键环节,基于互联网平台实现普惠金融发展,满足小微企业、城乡居民的存取款、网上代购代售、缴费充值等互联网普惠金融服务需求;持续推进"三权抵押"贷款,创新金融服务方式和金融服务产品,创新小额信用贷款,降低弱势群体获取金融信贷服务的准入门槛,进一步提高弱势群体获得金融服务的可得性;创新推出"光伏贷"和"丰收爱心卡",将低收入农民身份识别与金融服务相结合,为低收入农民提供可持续的金融信贷服务。

2022年4月,浙江省农村信用社联合社整体改制,成立浙江农村商业联合银行股份有限公司,这标志着全国农村信用合作社改革的首次深化,开启了浙江农商联合银行系统的新征程。

(二)浙江民营银行发展走在全国前列

鼓励民间资本进入银行业,有利于打破国有资本的金融垄断,构建和完善多层次的银行体系,硬化商业银行预算约束,实现金融机构股权多元化,推动社会资本进入实体经济,破解中小企业融资难问题。2013年下半年以来,国家陆续公布政策,明确提出允许民间资本进入银行业,尝试建立自担盈亏的民营银行。民营银行准入政策提出之后,各地积极争取民营银行牌照。

民营银行在浙江的发展取得显著进展。我国第一批试点的五家民营银行中,有两家落户浙江省,即温州民商银行和浙江网商银行。温州民商银行成立于2014年7月25日,注册资本20亿元,第一大股东正泰集团占29%的股份,浙江华峰氨纶股份有限公司占20%的股份。其市场定位为"立足温州、服务温商",深入分析温州经济发展的特点,通过差异化的市场定位,充分发挥民营企业经营活、效率高和服务好的优势,着力为温州中小企业提供普惠金融服务。浙江网商银行成立于 2014 年 9 月 26 日,定位为互联网银行,致力于普惠金融的发展,由蚂蚁金服、复星、万向等六家股东发起设立,注册资本 40 亿元,第一大股东为蚂蚁金服。浙江网商银行通过互联网技术、数据和渠道等的创新,致力于解决小微企业融资难、融资贵、农村金融服务匮乏等问题,促进实体经济发展。

事实上,改革开放以来,在陆续成立的城市信用社中,有较大比例的资本来自民营企业;而浙江省民营银行的发展一直走在全国前列,如台州银行、泰隆银行和民泰银行等。民营资本设立银行,要求其实行风险自担机制,而由于民营银行在信用方面的相对劣势,其可能在吸收公众存款方面存在障碍,这就要求在风险自担机制的基础上,推进民间信用体系建设、存款保险制度建设,从而确保存款人利益,提高公众对民营银行的信任度。事实上,浙江省在社会信用体系建设方面的探索,在一定程度上促进了民营银行在浙江的发展。

(三)浙江私募基金管理规模在全国位居前列

私募基金是指以非公开方式、面向少数特定投资者募集资金而设立的基金。作为高科技产业的重要融资渠道,私募基金是近年来国家关注的重点行业之一。近年来,浙江省逐步形成了以创业投资、股权投资为主导的私募基金产业生态链。截至 2022 年底,浙江私募基金管理规模在全国排名第四。其中,浙江(不含宁波)私募基金管理人数量共 2033 家,管理基金 10739 只,管理基金规模 11258 亿元;宁波私募基金管理人数量共 801 家,管理基金 4921 只,管理基金规模 8152 亿元。①

---

① 数据来源于中国证券投资基金行业协会。

（四）金融顾问制度成为金融供给侧结构性改革的重要抓手

2018 年以来,为了解决经济调整和民营企业发展中的资金困境问题,浙江省推出金融顾问制度。2018 年,浙江省地方金融监管局印发《建立企业金融顾问制度试点工作方案》。同年,浙江省成立浙商总会金融服务委员会,在全国率先推出金融顾问制度。2020 年 5 月,金融顾问制度被正式写入《浙江省地方金融条例》。金融顾问是指由地方政府委托金融管理部门选聘的专业人员,运用自身所掌握的金融专业理论知识和实践操作能力,以兼职的形式为当地企业提供公益性金融咨询服务。金融顾问制度的推行,能够推动企业与银行金融服务实现高效对接、银行与资本市场实现高效对接,有助于提升区域金融管理水平,从而有助于区域内企业健康发展和转型升级。浙江金融顾问工作重点内容涉及日常性的金融顾问、指导健全风险防控体系、协助制定投融资规划、落实综合金融服务、提供专项融资支持等。

截至 2023 年 8 月,浙江省已经构建了省、市、县三级金融顾问工作机制,成立了 68 家金融顾问工作室,组建了 3000 余人的金融顾问队伍,涵盖银行、证券、法律、股权投资等各个领域的金融专家,已累计走访服务企业 6.22 万家次,为企业提供各类融资共计近 4702 亿元。此外,金融顾问团队还积极参与全省数字化平台建设,持续深化与"政采云""智慧医保"等重大平台的合作,加快推进与浙江科技大市场等省级政府平台和社会化平台的对接,深度融入千行百业。金融顾问制度成为近年来浙江省推动金融供给侧结构性改革的重要创新性实践,推动浙江地方金融服务从以牌照为中心的专业服务转向以客户为中心的综合性服务,从单一的融资服务转向融资和融智相结合的全方位服务。

三、数字人民币试点和跨境人民币结算积极推进

伴随数字经济和金融科技的发展,全球主要国家积极推动法定数字货币探索。2017 年,中国人民银行开始探索数字人民币研发工作,数字人民币被明确为我国数字形态的法定货币。数字人民币基于广义账户体系,支持银行账户的松耦合功能,相当于实物人民币,具有价值特征和法偿性。2019 年以来,中国人民银行在全国各地稳步推进试点测试工作。2022 年 3 月,浙江杭州、宁波、温州、湖州、绍兴、金华6 个亚运会主办城市成为新一批数字人民币试点城市。中国人民银行杭州中心支行建立了完善的工作机制,会同有关部门推进浙江省数字人民币试点工作。2023 年 4 月,浙江省数字人民币试点工作领导小组联合办公室印发《2023 年浙江省数字人民币试点工作要点》,为试点地区推广数字人民币提供了政策依据。试点工作致力于推动数字人民币应用场景的拓展和交易规模的升级,推动数字人民币在拉动居民消费、降低成本、提高效率、促进数字经济高质量发展等方面发挥更大作用,进而形成具有浙江特色的数字人民币应用生态和产业生态。具体来说,浙江省数字人民币试点以杭州亚运会应用场景建设为重点,在亚运村、竞赛场馆等搭建富有特色的应用场景,为亚运会期间境内外人士提供多元化支付服务。2023 年 1 月,浙江省印发《关于促进平台经济高质量发展的实施意见》,鼓励平台企业参与数字人民币试点,深化数字人民币在零售交易、生活收费、政务服务等场景的试点应用。截至 2023 年第一季度末,6 个试点市共有 157.7 万个商户支持受理数字人民币,累计开立个人钱包 2577.41 万个、对公钱包 98.87 万个,累计使用数字人民币消费总金额 44.1 亿元,指标在全国位居前列,打造了一批具有浙江辨识度的应用场景。杭州亚运会期间,数字人民币得到很大应用。根据统计数据,浙江共计 130 万个线下商户、102 万个线上商户提供了数字人民币的受理环境,亚运主题数字人民

币硬件钱包累计申领 4.4 万余张,使用数字人民币消费金额突破 3 亿元,成为继北京冬奥会、成都大运会后数字人民币在大型国际赛事应用的新突破。[①]

浙江省鼓励区域内关键企业提高跨境贸易人民币结算比例,带动境内外、产业链上下游企业更多地使用人民币进行跨境贸易结算(见表 4.1)。2022 年,浙江省跨境人民币结算金额共计约 1.2 万亿人民币,其中经常项目跨境人民币结算金额约 7491 亿元,资本和金融项目跨境人民币结算金额约 4596 亿元。

表 4.1　浙江省跨境人民币结算金额(2015—2022 年)

单位:亿元

年份	人民币跨境金额	人民币跨境金额:经常项目	人民币跨境金额:资本和金融项目
2015	10305	8536	1769
2016	4782	3472	1310
2017	3968	2960	1008
2018	5278	3252	2026
2019	6857	4052	2805
2020	7887	4314	3573
2021	10096	5195	4901
2022	12087	7491	4596

数据来源:Wind 数据库。

四、打造金融服务信用信息共享平台,完善金融服务基础设施

金融服务信用信息共享平台是破解融资困境的重要抓手。金融服务信用信息共享平台通过跨区域、跨部门的金融服务信用信息共享

[①]　数据来源于浙江省地方金融监管局。

机制,将分散在各部门、各区域的最核心的信用信息集中展示,打破了信息孤岛和部门壁垒,实现了政府部门之间、政府与社会之间以及各社会单元之间的信息与资源整合,是打破银企信息不对称、从根本上破解民营企业融资困境、实现民营企业自身信用资本化的重要抓手。一方面,对于金融机构来说,平台是机构筛选优质客户、实行差别化信贷政策的重要依据,银行等金融机构能一次性掌握小微企业的销售、税收、电费、银行授信等各类信息,有助于全面判断市场主体的总体信用状况,能够显著降低获客成本、提升信贷效率;另一方面,对于民营企业来说,平台是企业与金融机构有效对接并获取贷款的重要通道,有助于降低企业融资成本,实现"信用—资本—信用"的良性循环,助推企业良性快速发展。

近年来,浙江各地积极探索推进金融服务信用信息平台建设。2015年底,台州市以获批国家级小微企业金融服务改革创新试验区为契机,在全国首推金融服务信用信息共享平台,取得了显著成效。浙江征信体系建设持续深化,金融信用信息基础数据库建设不断深化,金融信用信息共享范围不断扩大,地方征信平台持续迭代升级。截至2021年末,浙江省共268家信贷机构连入系统,信用信息共享范围持续扩大,其中,2021年通过信用平台累计提供金融产品和服务16.7亿次。同时,浙江积极推进长三角地区征信链应用,促进信用信息区域一体化中的互联互通。截至2021年末,浙江省共计27家金融机构被纳入长三角地区征信链,累计查询共计14.4万次,约1.2万家企业依托平台获取信贷支持,共计约946亿元。

实际上,浙江省社会信用体系持续完善,奠定了浙江金融服务信用信息体系的重要基础。近年来,浙江省创新性推进信用"531X"工程建设。一是实现"五类主体"全面覆盖。按照"全覆盖、无死角"的要求,收集5类主体的信用信息,建立信用档案,实施公共信用评价。覆盖企业341.3万家、18岁以上户籍人口4318万人、社会组织7.4万家、事业单位2.7万家、政府机构4836个。二是"三大体系"基本形成。公共信用指标体系不断优化,先后推出 5 版公共信用信息目录。信用综合监管责任体系基本建成,与省、市、县三级 319 个业务系统有序对接,实现业务协同、流程再造、机制创新。公共信用评价及信用联合奖惩体系不断夯实,更新 3 版五类主体公共信用评价指引,归集红、黑名单主体 102.8 万家。三是"一个平台"持续迭代。按照浙江省数字化改革基础性、通用性支撑模块定位,建设一体化智能化公共信用信息平台,日访问量突破 114 万人次。四是"X 项应用"有序推进。全面支撑政务、商务、社会、司法等领域,重点围绕"信用＋行业监管""信用＋社会治理""信用＋融资服务""信用＋惠民便企"等主题,打造了一批可示范、可推广的典型应用场景。

第二节 依托特色金融小镇打造钱塘江金融港湾①

浙江省"十三五"规划明确提出,要打造钱塘江金融港湾等资本集聚转化大平台,打造中国金融版图上的浙江高地。2016 年,浙江省首次公布《钱塘江金融港湾规划》。2022 年 1 月,浙江省发布《钱塘江金融港湾发展实施计划(2021—2025 年)》,提出要支持杭州重点打造金融城和钱塘江金融城,唱好杭州、宁波金融"双城记",打造包括杭州、宁波、湖州、嘉兴、绍兴、舟山在内的六大金融创新中心,持续推进金融小镇升级发展。特色金融小镇作为浙江金融集聚的新兴形态,打破了以传统金融为中心的金融集聚形态,是构建钱塘江金融港湾的重要抓手。

推进浙江省特色金融小镇健康发展,有助于打造钱塘江金融港湾和新兴金融中心,构筑浙江新一轮区域金融改革与发展的先发优势,

---

① 本节相关内容已发表。参见:孙雪芬,包海波,刘云华.金融小镇:金融集聚模式的创新发展[J].中共浙江省委党校学报,2016(6):80-84.

推动浙江金融强省建设,并有效发挥区域金融对地方经济转型升级和创新驱动的资本支撑作用,引导金融资源向科技领域合理有效配置。以金融小镇为主要抓手,杭州基本实现了金融产业、金融机构、中介机构在物理空间的有效集聚,实现了对金融集聚形态的创新性探索。总的来说,小镇内金融产业从无到有,金融机构数量和管理资本总量持续增加,金融产业发展速度显著提升,金融产业的集聚效应逐步显现,对区域经济发展的贡献度逐步提升。以玉皇山南基金小镇和梦想小镇为代表的金融小镇,在发展过程中适时调整发展模式,在发展内容上更加侧重于为实体经济提供融资支持、侧重于借鉴已有的创投金融发展模式,在浙江逐步形成了以科技金融为主导的金融集聚发展新形态。其中,玉皇山南基金小镇侧重于私募股权投资的发展,梦想小镇则偏向于风险投资的集聚。

一、浙江特色金融小镇建设的重要意义

特色金融小镇的建设对浙江省意义重大,是浙江新一轮地方金融改革与发展的重要抓手。

(一)有助于创新金融发展新业态,抢占新一轮金融改革的制高点

我国正处于新一轮金融改革的浪潮中,浙江省作为传统金融大省,要在本轮金融改革与发展浪潮中创造新优势、抢占制高点,需要积极引导风险投资和股权投资等新兴金融产业链的整合和集聚发展,需要通过金融科技的发展为金融机构提供更好的科技支撑,需要不断创新金融发展业态从而推动普惠金融的实现,而特色金融小镇建设正是一个有效的抓手和重要的平台。金融小镇的建设有利于集聚金融要素,整合风险投资和私募股权投资等新兴金融产业,推动新兴金融产业在浙江的集聚发展。

（二）有助于实现民间财富的有效管理，积聚盘活并规范使用民间资本，打造全省乃至全国的民间财富管理中心

长期以来，浙江省民间资本充裕，但缺乏可供选择的财富管理机构和工具，导致规模庞大的民间资本缺乏向金融资本、产业资本转化的有效渠道，并涌现出大量的非正规民间融资行为，致使近年来局部范围频繁爆发民间借贷危机和"两链"（担保链、互保链）危机，严重威胁区域性的金融稳定和实体经济发展。通过金融小镇的建设，引进专业性的财富管理机构和创新性的财富管理工具，实现其与民间资本的规范、有效对接，能够使民间资本在风险可控的前提下，投资于风险与收益相匹配的财富管理产品，从而转化为金融资本。

（三）有助于实现地方金融对实体经济的更好支撑，带动实体经济转型升级和创新驱动

新常态下，浙江经济要实现转型升级，不可忽视多层次资本市场的作用。在创新驱动发展战略的国家背景下，实现科技与金融的深度融合，客观上要求整合金融资源并向科技企业集聚，引导民间资本流向科技企业，从而实现浙江经济发展的创新驱动和财富驱动。金融小镇是浙江培育和发展多层次资本市场的重要途径，能够实现金融资本、创新资本、产业资本和人才资本等的有效融合，在优化整合传统产业、加速发展高新技术产业、培育战略性新兴产业等方面都有着重要的作用。

二、国际金融集聚典型案例与经验总结

本书择取了国外典型的金融集聚发展案例（见表 4.2），按照其所归属的类型，从功能定位、自身优势、发展现状等方面进行分析，总结其成功经验，为浙江省金融小镇的建设提供经验借鉴。

表 4.2　国际金融集聚典型案例

金融小镇 （典型案例）	功能定位	自身优势	发展现状
理财金融小镇（以格林尼治为典型案例）	传统对冲基金管理小镇	①与金融中心纽约邻近 ②税收优惠 ③自然环境优美 ④基金管理机构高度集聚，金融配套产业完善	对冲基金的"大本营"，世界第三大基金管理中心
创业投资金融小镇（以硅谷砂山路为典型案例）	风险投资小镇	①与硅谷邻近 ②人才优势明显 ③风险投资与高科技产业深度结合	美国西海岸的"华尔街"，大量基金集聚
特色产业金融小镇（以曼彻斯特为典型案例）	保险金融基地	①良好的经济基础 ②较低的生活成本 ③深刻的产业转型，人才向金融业流动 ④庞大的保险产业与金融业结合	英国第二大金融中心

（一）国际金融集聚的典型案例

1. 传统理财金融小镇：格林尼治

格林尼治被誉为全球对冲基金的"大本营"，是理财金融小镇的典型代表，专业化的理财金融服务成就了其在全球的知名度。

一方面，格林尼治自身发展环境优势明显，自然环境绝佳，区位优势明显，政策优惠相对富有吸引力。小镇地处康涅狄格州的黄金海岸，自然风光迷人，环境清新优雅，生态宜居。地理上近邻纽约，"近水楼台先得月"，便于接受纽约的金融要素溢出，实现金融产业的区域集聚。格林尼治的政策优惠力度大，尤其是税收政策对于基金公司的吸引力极大。

另一方面，格林尼治形成了良好的金融产业集聚效应，且集聚趋势不断加强。小镇入驻了 500 多家基金管理机构，管理资产约 3500 亿美元。同时，小镇集聚了会计师事务所、律师事务所及金融咨询机构等大量的金融配套机构,并已成为金融数据备份中心。产业集聚使小镇基金公司的运营成本大幅下降,这又反过来继续吸引新的基金公司进入并强化了集聚效应。

2. 创业投资金融小镇:硅谷砂山路

美国硅谷砂山路以集聚大量的风险投资公司而闻名,其为硅谷高新技术产业和创新企业提供全方位的金融支持。

砂山路的发展主要依托硅谷高新技术产业和高端人才的集聚优势。砂山路与硅谷仅相距 50 英里(1 英里≈1609 米)左右,便捷的区位优势为砂山路的风险投资机构与硅谷企业合作提供了绝佳的机会。尤其是硅谷地区吸纳了大量的科技产业和高端人才,在繁荣硅谷的同时,实现了金融要素和人才要素在砂山路的集聚。

砂山路的成功在于实现了风险投资业和高新技术产业的契合发展与良性互动。风险投资机构的支持推动了高科技公司的成长,使硅谷成为全球新兴产业的策源地;而高科技公司的成长同时带动了风险投资机构的繁荣,美国 1/3 以上的风险投资公司在砂山路设立了办事处,砂山路的金融实力和影响力日益增强,堪称全球风险投资业的风向标。

3. 特色产业金融小镇:曼彻斯特

英国的曼彻斯特以为海洋船舶运输及对外贸易提供保险支持而闻名。曼彻斯特自身具备发展保险金融业的经济基础,是英国主要的工业中心和商品集散中心,同时吸纳了大量的金融机构和金融人才。此外,曼彻斯特的生活成本相对较低,金融机构运营成本相对更低,更有利于金融机构和金融人才的集聚。

曼彻斯特保险金融业的发展顺应了当地产业结构的转型需要,其注重为制造业转型提供海洋保险的金融支持则适应了金融业发展的趋势。目前,曼彻斯特是英国除伦敦以外最大的金融中心城市,在最具代表性的国王大街,集聚了 150 多家保险公司的总部或分部。

(二)典型案例金融集聚发展的经验总结

本书尝试基于上述三个典型的金融集聚案例的共同点,总结金融集聚与金融小镇发展的经验。

在功能定位上,需要充分考量自身的地理区位环境、产业生态优势,契合当地经济金融发展的现实。格林尼治基金小镇的发展,在很大程度上源于其毗邻纽约金融中心的区位优势;砂山路创业投资金融的繁荣,源于风险投资与高科技产业的密切融合和生态体系的完备;曼彻斯特海洋保险金融的发展,在于其顺应了当地特色产业发展的金融需求。

在运营模式上,强调以市场为主导。在国际金融集聚的成功案例中,强大的金融发展市场需求以及金融产业链的内在分工促进了金融资源的市场化配置,从而在本区域经济和金融生态环境的基础上自发实现了特色金融的集聚以及金融生态链的不断完善。

在政府职能上,强调服务和引导。政府在金融集聚的过程中更多致力于提供宽松的政策和搭建服务平台。尤其要指出的是,积极的税收优惠政策在金融要素集聚与产业可持续发展方面具有重要的导向作用。因此,政府结合城市长期发展需要和产业转型升级而实施的区域金融战略对金融集聚和金融小镇发展的影响不可忽视。

三、浙江特色金融小镇建设的主要成效

2015 年,浙江省启动特色小镇建设。由于金融产业是七大重要产业之一,金融小镇成为浙江省着力打造的一大特色小镇。浙江金融小镇的建设和成长,有助于推动浙江金融强省建设和区域新兴金融中心的形成,使浙江能够构筑新一轮地方金融改革与发展的先发优势,并有效发挥金融对供给侧结构性改革和创新驱动的有力支撑作用。玉皇山南基金小镇和梦想小镇这两个首批被命名的省级特色小镇的发展,充分体现了金融小镇建设的典型成效,代表了浙江金融小镇后

续的发展模式和发展方向。金融集聚是国际金融业发展的重要形态，金融小镇是我国在经济新常态下打破以各类金融中心为代表的传统金融业发展路径的新探索。因此，金融小镇是浙江省金融业发展"十三五"规划的重要内容，是浙江省建设钱塘江金融港湾和城西科创大走廊的重要依托。

（一）创新打造了区域金融集聚的新兴形态

金融小镇作为金融集聚的新兴形态，打破了传统以各类金融中心为主的金融集聚形态，玉皇山南基金小镇、梦想小镇是浙江省金融小镇建设的典型案例。2017 年以来，依据《浙江省人民政府关于加快特色小镇规划建设的指导意见》以及省级特色小镇验收办法，玉皇山南基金小镇、梦想小镇被正式命名为首批浙江省特色小镇。以金融小镇为主要抓手，杭州初步实现了金融产业、金融机构和相关中介机构的物理空间集聚，展开了对金融集聚形态的新探索。

总的来说，区域内金融产业从打基础起步，机构数量和管理资本总量快速增加，金融产业发展速度明显提升，金融产业的集聚特征逐步显现，对区域经济的贡献度逐步提升。

（二）探索确立了金融小镇发展的浙江模式

基于金融资本与产业资本的链接与融合方式，参考国际金融小镇的典型经验，浙江金融小镇已经形成了四类相对成熟的发展模式，即以玉皇山南基金小镇为代表的理财金融小镇、以梦想小镇为代表的创业投资金融小镇、以丝路金融小镇为代表的特色产业金融小镇、以西溪谷互联网金融小镇为代表的金融科技小镇。近年来，贯彻国家金融发展思路，以玉皇山南基金小镇为典型代表的理财金融小镇在更多地强调单纯的金融资本运作的基础上，更加重视金融资本与产业资本的结合，重视金融对实体企业的支撑。可以说，传统理财金融小镇的发展模式逐步向创业投资金融小镇过渡。

（三）推动形成了以创业投资、股权投资为主导的私募基金产业生态链

浙江省私募基金管理规模在全国排名前列。其中，以玉皇山南基金小镇和梦想小镇为代表的金融小镇逐步成为私募基金集聚的高地。金融小镇建设的成效，突出表现在已经打造了完整的私募产业链和创业风险投资产业链，有效推动了创新链、资本链、产业链、人才链"四链"融合发展。自2015年以来，梦想小镇天使村良好的创业创新氛围和政府有效的扶持引导性政策，吸引了越来越多的风险投资机构集聚，形成了良好的区域金融生态，风险投资机构在此呈现出明显的裂变式发展特征。梦想小镇天使村在建设过程中，注重结合互联网村等小镇企业的成长实况，打造完备的创业企业成长生态链，促成创新链、产业链、资本链三大链条相互依存、融合发展，有助于激发小镇可持续发展的内在动力，并有效发挥其对周边地区的辐射效应。

（四）金融小镇服务实体经济成效显著

金融小镇在建设过程中积极落实国家层面的金融发展思路，更加注重遵循金融的本质，越来越强调为实体企业提供资金支持。玉皇山南基金小镇在发展过程中适时调整，在发展内容上更加侧重于为实体经济提供融资支持，更加侧重于借鉴已有的创投金融发展模式。同时，在助力企业上市及并购重组方面的成效也逐渐显现。2021年，浙江省提出"凤凰行动"计划2.0版，玉皇山南基金小镇及入驻金融机构积极响应，主导"金融小镇浙江行"等行动。未来科技城（包括梦想小镇）制订了企业上市培育行动计划，建立了梯队式的推进模式，积极推进企业通过资本市场进行融资。截至2023年4月，玉皇山南基金小镇投资机构在投实体企业10507家，累计扶持323家公司上市，所投企业中45家入选第四批国家级专精特新"小巨人"企业名单。

(五)实现了由政府引导逐步转向市场主导的内生性发展

政府引导在最初的金融集聚及小镇发展之初的金融体系构建中发挥了极为重要的作用,充分体现了政府引导型地方金融的发展模式与形成机制,有效引导了社会资本的集聚。同时,值得关注的是,随着区域内金融生态日趋成熟,在政府引导作用之外,由市场主导的、基于企业自身的内生性增长将在后续的发展中发挥更重要的作用。事实上,内生性的发展特征已经开始显露,这也是近年来金融产业在金融小镇快速集聚的重要条件。究其原因,一方面,风险投资和私募股权投资机构的集聚,吸引了上下游企业和机构的集聚,实现了投资机构内生性的以商引商;另一方面,经过几年的发展,科技型、创新型项目快速积累,部分企业逐步完成研发,进入产业化阶段,大量优质的项目必然吸引大量金融资本的自发性集聚。

第三节　积极打造全国新兴金融中心

数字经济"一号工程"正在浙江深入实施,其中,"三区三中心"①是浙江推进数字经济的重要内容和重要抓手。新兴金融中心作为数字经济"三中心"的重要内容,其建设有助于实现传统金融与新金融的深度融合,能够为建设现代化经济体系、实现"两个高水平"奋斗目标提供坚实的金融保障。2017年12月,在首届钱塘江论坛上,时任浙江省省长袁家军首次提出要在浙江打造"新兴金融中心",要将浙江打造成以"一室两集群两中心"为主体的新经济大省。其中,"一室"是指之江实验室,"两集群"是指世界级先进制造业集群、世界级港口集群,"两中心"是指新型贸易中心和新兴金融中心。2019年5月,为促进实施

---

①　"三区"即数字产业化发展的引领区、产业数字化的示范区、数字经济体制机制创新的先导区,"三中心"即数字技术创新中心、新型贸易中心、新兴金融中心。

浙江省数字经济"一号工程",建设国家级数字经济示范省,浙江省制定《浙江省新兴金融中心建设行动方案》,方案近期到 2022 年,展望到 2035 年。方案明确提出,要把浙江建成集金融科技、网络金融安全、网络金融产业、移动支付等于一体的新兴金融中心,形成以"一湾、一城、一省、多区"为框架的建设格局。其中,"一湾"即钱塘江金融港湾,"一城"即杭州国际金融科技之城,"一省"即移动支付之省,"多区"即区域金融改革试验区。2021 年,浙江省金融业发展"十四五"规划明确提出打造新兴金融中心。

一、国内区域金融中心的建设情况

20 世纪 90 年代后期以来,随着金融改革开放的深入推进,国内许多城市陆续提出构建区域金融中心的发展战略,并以此来争夺区域制度红利和经济发展主导地位。典型的代表包括北京提出建设具有国际影响力的金融中心城市,上海提出建设全球国际金融中心,深圳提出建设全球区域性国际金融中心。在全国性的区域金融中心构建的浪潮中,出现了金融中心建设中的同质化和恶性竞争现象,造成金融资源相当程度的浪费。近年来,地方金融发展战略思路逐步调整,侧重于发挥区域的资源禀赋和比较优势,战略规划和目标地位逐步清晰。

根据 2021 年底发布的第 13 期中国金融中心指数(CFCI),位居国内前十的区域金融中心分别是上海、北京、深圳、广州、杭州、成都、重庆、南京、天津和武汉。排在后面的依次为郑州、苏州、西安、长沙、大连、青岛、济南、宁波、福州、厦门、合肥、沈阳、南宁、无锡、昆明、南昌、石家庄、长春、哈尔滨、乌鲁木齐和温州。在全球新冠疫情持续冲击的背景下,中国区域金融中心指数仍然保持了增长势头。其中,深圳增长势头最强,指数增幅全国第一。广州、杭州、成都、南京的区域金融中心指数维持较显著的增长态势。2020 年纳入指数的 31 个金融中心在 2020 年的金融业增加值平均增速约 6.2%,相较于 2019 年的平均增速下滑 0.8 个百分点,但仍高于 GDP 增速 3.1 个百分点。

31 个区域金融中心的金融集聚效应明显。2020 年纳入指数的 31 个金融中心的金融业增加值累计达到 5.06 万亿元,占 2020 年全国金融业增加值的比重达 60.2%。31 个区域金融中心的金融机构的总资产规模占全国比重超过 3/4。

国内区域金融中心发展表现出明显的地域特征。东部沿海地区的金融中心竞争分化显著,表现出明显的发展特色,尤其是杭州在区域金融发展中的领先地位显现。东北地区的金融中心综合竞争力水平偏低,金融生态环境得分下降。北部沿海地区的金融中心发展速度偏慢,尤其是天津发展较慢,青岛、济南发展有所提速。南部沿海地区、广州表现出较强的综合竞争力,厦门与福州竞争胶着。中部地区、郑州和武汉齐头并进,竞争实力相对接近。西部地区分化明显,成都、重庆、西安保持相对优势。

二、区域金融中心发展的理论基础

金融集聚达到一定程度必然体现为不同层次的金融中心(孙国茂、范跃进,2013),全球、全国乃至区域性金融中心是金融集聚的典型形态。国外学者关于金融集聚、金融中心的研究由来已久。近年来,国内有一批城市先后提出要打造具有区域影响力的金融中心,在国内掀起了有关金融中心研究的热潮。新兴金融中心是近年来金融集聚的新兴形态,当前学术界有关新兴金融中心(数字金融中心)的研究尚处于起步阶段,多是关于传统金融业态的集聚和传统金融中心的研究。以下主要针对传统金融中心相关文献进行梳理和评述。

(一)金融中心形成原因的理论演进

自 20 世纪 70 年代以来,学界对金融中心的形成动因展开了广泛的研究,主要从区位理论、规模经济和产业集聚理论、金融地理学与信息经济理论、制度经济学等视角研究金融中心的影响因素。实际上，金融中心理论往往是从相关经济理论中派生而来的。

1. 区位理论

农业区位论、工业区位论和中心地理论是区域金融中心区位理论的基础。区位选择理论从供给和需求两个方面解释了金融中心的形成。从需求方面看，经济越发达，经济增长速度越快，对资金需求越大，越有利于金融的集聚和金融中心的形成；从供给方面看，某个地区的金融管制越少、金融自由化程度越高，越有利于金融的集聚。宏观区位选择理论侧重于分析金融中心区位特征的宏观区位选择，微观区位选择理论则侧重于分析金融企业的微观区位选择。

2. 规模经济和产业集聚理论

这两个理论都从中观层面揭示了金融中心形成的原因。规模经济会对特定产业的企业形成吸引力，这种吸引力主要体现在自然优势的集聚力、外部经济效应等。Kindleberger(1973)引入规模经济理论，系统阐述了金融中心理论，认为金融集聚总是与规模经济相伴而生。他认为，金融参与者会更加倾向于在某一区域内进行集中交易，并且伴随产业升级发展，这种集聚会更加明确、日益形成一定的经济规模，并进一步发展成金融中心。产业集聚理论强调产业集群会带来成本优势、创新优势、市场优势和规模优势等，金融业的集聚在这几个方面的优势体现得更为明显。

3. 金融地理学与信息经济理论

金融地理学的理论核心是金融活动与地理区位、空间因素等密切相关。Laulajainen(1998)把空间因素和距离等引入对金融中心的研究，基于金融产品流动性、金融信息不对称、信息外部性、路径依赖等因素，阐释了金融中心的形成。也有学者将信息腹地论等引入对金融中心问题的研究。Porteous(1999)运用信息腹地论、不对称信息理论和路径依赖诠释了一些金融中心能够长期保持竞争优势并且不被削弱的原因。金融地理学与信息经济理论结合,逐步成为学者研究金融中心的重要视角。国内学者基于这一视角,也展开了大量的研究,如潘英丽(2003)、黄解宇(2011)、赵雯等(2014)、邓薇(2015)、樊向前和范从来(2016)、张彩江和李艺芳(2016)、吴滨等(2018)、邹小芃等(2018)。

4. 制度经济学

制度及其变迁在分析金融中心区位选择方面的作用主要体现在两个方面:一个是关注路径依赖问题;另一个是关注制度相关要素及其相关影响。制度经济学进一步拓展了区域金融中心的研究范畴,将区域金融中心的形成从有形因素扩展到无形因素,强调制度及其变迁在这一过程中的作用。

区域金融中心的相关理论不断发展,研究范式不断拓展,从单纯的经济学的供给需求分析,逐步拓展到金融地理学、制度经济学等多学科领域。在这些理论的发展过程中,区域金融中心的影响因素与分析工具不断扩充,即从有形因素拓展到无形因素,从静态分析拓展到动态分析。

(二)金融中心的形成和发展模式

金融中心的形成往往是一个自然而漫长的过程,有着复杂的经济和社会背景。在这一过程中,许多方面的因素发挥了重要作用,这些现实条件在一定程度上决定了区域金融中心的形成模式。一般来讲,可以将金融中心的形成和发展归纳为两种模式:一种是市场主导、自然演进的模式;另一种是政府主导、制度推动的模式。

1. 市场主导、自然演进的模式

经济发展是促成金融中心形成的最根本的内在动力。社会再生产的过程,即生产、分配、流动、消费各个环节必然内在地衍生出对金融机构、金融服务和金融市场的需求。也就是说,在实体经济集聚发展、不断强化的过程中,必然自然而然地形成金融集聚和金融中心。

典型的自然演进模式如早期的国际金融中心阿姆斯特丹、伦敦、纽约等。自然演进的金融中心的形成是一个相当漫长的过程,并且充满了不确定性,是市场经济长期发展的产物。

2. 政府主导、制度推动的模式

政府直接和间接的干预,在金融集聚和金融中心的形成中同样具有非常重要的作用。尤其是当一国市场经济发展并没有达到特定的水平时,市场经济体系尚不成熟,金融体系尚不健全,政府特定的制度设计与政策安排会在很大程度上主导区域金融中心的形成。进一步地,可以将其分为弱政府推进模式和强政府推进模式,前者如卢森堡、法兰克福等,后者如开曼、悉尼、苏黎世等。

从现实的角度看,金融中心的形成,往往是以上两种模式混合,即政府与市场协调推动金融中心的形成和发展。总体而言,现有学者围绕金融中心展开了深入研究,这些研究往往基于传统的金融业态集聚进行静态性研究,学者普遍关注的是传统金融机构和传统金融市场在某些中心城市的集聚以及由此形成的不同层次的金融中心,重视从宏观的角度考察各类金融中心的成因及其对区域金融发展和经济增长的影响。当前,在以传统金融业态为主的传统金融中心之外,数字金融的快速发展及其与传统金融的融合协同,正成为新兴金融中心的重要内涵,也成为浙江省推进数字经济"一号工程"的重要内容和重要抓手。

三、浙江新兴金融中心建设的主要成效

新兴金融中心是近年来金融集聚的新兴形态,拓宽了以传统金融为主要集聚业态的金融中心边界。浙江省金融业发展"十四五"规划明确提出加快建设全国一流新兴金融中心,提出以数字化改革引领数智金融先行省,其中包括搭建富有浙江特色的数智金融平台、加快杭州国际金融科技中心建设、深化移动支付之省建设、构建金融服务多跨场景应用等。围绕新兴金融中心建设的主要任务,浙江省开展了有效的实践探索,取得了明显的成效。

（一）杭州金融科技的发展走在全国前列

信息和技术的深度融合不断打破现有金融的边界,深刻改变了传统金融的运行方式,金融科技的发展由此而来。世界正在经历由金融科技驱动的第四次金融浪潮,金融科技的发展成为区域乃至国际金融竞争的制高点。纵观全球金融科技的发展历程,"市场拉动""技术驱动""规则推动"已经成为金融科技发展的三大核心动力。杭州是市场拉动模式的典型代表。近年来,浙江在以下方面形成金融科技高地,成果显著:在技术开发方面,形成一批重大金融科技创新平台,包括浙江大学、之江实验室、浙江省金融研究院、国家(杭州)新兴互联网交换中心等;在技术应用方面,在全省实现 33 个金融科技应用试点项目的推广使用;在标准规范方面,浙江在全国率先出台数字经济发展促进条例;在监管创新方面,全省金融科技创新监管试点累计达到 9 个,居全国第三。

根据浙江大学发布的《2021 全球金融科技发展报告——浙江(杭州)篇》,2019—2021 年,杭州金融科技几乎所有指标都有提升,金融科技整体实力稳步增强。在金融科技产业方面,杭州实力不断提升,传统金融科技化程度持续深化。在金融科技体验方面,杭州连续四年排名全球第一,金融科技使用者占比持续提升至 93.7%。在金融科技生态方面,杭州监管能力短板加速补齐,政策支持力度持续增强,数字基建发展稳步推进。

杭州金融科技产业依托钱塘江金融港、特色金融小镇、杭州国际金融科技中心等产业平台,打造形成了良好的金融集群。目前,区域集聚了一批领先金融科技企业。从地域分布来看,具有代表性的金融科技企业主要集中在杭州滨江区、西湖区、余杭区等地。从产业分布来看,目前杭州已经形成七大优势金融科技产业,包括智能移动支付、数字普惠金融、智能投顾、金融 IT 产业、云计算技术金融应用、大数据和区块链技术金融应用。

(二)以数字化改革引领数智金融先行省建设

浙江以数字经济和数字金融发展为契机,按照"1＋6＋N"总体架构,在全国率先搭建数字金融基础设施,通过浙江省金融综合服务平台推动数智金融先行省建设,逐步打通集成各类金融服务平台,整合贯通一批市县级应用。其中"1"即"金融大脑",为平台的数据基础;"6"即数智金融运行分析、浙里企业上市集成服务("凤凰丹穴")、金融服务百姓"理财有方"、金融风险"天罗地网"、浙里金融综合服务、企业信用信息服务等六大应用,"N"即平台支撑下的若干个多跨场景应用。"金融大脑"实现了政府端、金融端、居民端三个方面的协同,全面促进企业、行业、金融机构、政府数据的整合共享。通过各种金融服务平台,实现了各类金融信息的汇集与处理。

以温州"金融大脑"为例,自 2019 年 4 月正式上线以来,率先开创了金融"监管＋服务"模式,以"数据整合共享＋分析处理"为核心结构,通过构建企业风险画像、大数据挖掘与结构性分析、企业信用评估等方式,有效实现了对各类风险的监测预警。相较于传统的金融运营与金融风险处置方式,"金融大脑"有效化解了金融业务存在的信息不对称问题,实现了中央、省、市三级不同部门各项信息系统的平台数据整合。"金融大脑"还探索解决民间借贷中的企业画像信息盲区问题,充分通过大数据、云计算、人工智能等数字技术,解决数据孤岛、风险识别困难、风险处置周期长、实际操作流程复杂等实际问题,成为对相关企业进行监控和金融风险预警的可视化"报警器"。

(三)"移动支付之省"建设全面推进

移动支付是指移动客户端利用手机等电子产品所进行的电子货币支付。具体来说,移动支付将互联网、终端设备和金融机构有机结合在一起,形成一种新的便捷支付体系。移动支付不仅可以进行货币支付,还可以进行电话费、燃气费、水电费等生活费用的支付。在浙江,近年来,各地公共服务部门积极在移动应用上开设"窗口",让群众不用跑腿或少跑腿,实现家中缴费、办事。

2021年,浙江省共计实现支付清算业务21.4亿笔、金额共计约663万亿元,同比分别增长了20%和10.6%,业务规模在全国位列第二。浙江省持续打击治理网络电信诈骗和跨境赌博,涉案账户数在全国排名明显下降。同时,浙江启动本外币合一银行账户体系试点。推进银行业移动支付的应用,部署推进重点项目业务保障工程。截至2021年底,浙江省移动支付的活跃用户共计约5036万个,移动支付普及率达到94%;全年共计发生移动支付业务678亿笔,金额共计82.5万亿元,同比分别增长22.3%和21.6%。

第五章　浙江金融服务实体经济的实践探索

为实体经济服务是金融的天职。金融的根本在于为实体经济服务。浙江在推动区域金融高质量发展和金融强省建设的实践探索中，聚焦重点领域和薄弱环节，有效疏通货币信贷传导机制，推进金融服务增量扩面降价，着力提高地方融资的可得性、便利性和普惠性，着力打通民营企业和小微企业融资中存在的堵点和难点。具体来说，浙江通过融资结构优化、地方金融改革试点和科技金融体系构建等重要举措，大大提升了金融服务实体经济的能力。

第一节　优化融资结构，提高直接融资比重

近年来，浙江省通过率先实施融资畅通工程和"凤凰行动"计划等，把更多金融资源配置到经济社会发展的重点领域和薄弱环节，更好满足实体经济多样化金融需求。从社会融资规模的数据看，自有统计数据以来，浙江省社会融资规模从 2013 年底的 8345 亿元增长到 2022 年底的 34921 亿元（见表 5.1）。浙江省金融服务实体经济的能效明显提升。[①]

---

① 相关数据来源于 Wind 数据库。

表 5.1　浙江省社会融资规模及其占全国比重

时间	浙江省社会融资规模/亿元	占全国比重/%
2013 年 12 月	8345	4.82
2014 年 12 月	7998	4.86
2015 年 12 月	6291	4.08
2016 年 12 月	7485	4.20
2017 年 12 月	13331	5.10
2018 年 12 月	19499	8.67
2019 年 12 月	22162	8.67
2020 年 12 月	32155	9.22
2021 年 12 月	34021	10.85
2022 年 12 月	34921	10.91

数据来源:Wind 数据库。

一、信贷融资额度增加、融资结构优化

(一)信贷融资额度保持合理增长,贷款利率持续下降

截至 2023 年上半年,浙江省本外币各项存款余额 21.82 万亿元,2003 年底这一数据约为 1.54 万亿元;浙江省本外币各项贷款余额 20.96 万亿元,2003 年底这一数据约为 1.26 万亿元。

贷款利率市场化持续推进,浙江省持续强化贷款市场报价利率(LPR)定价机制建设与应用,LPR 改革持续推进,99% 以上的浙江省金融机构在贷款发放中参考 LPR 定价。同时,浙江省企业贷款利率稳中有降,根据中国人民银行统计数据,浙江省企业贷款平均利率从 2018 年最高时的 5.74% 降至 2022 年末的 4.11%。

(二)信贷结构明显优化

浙江省重视充分发挥结构性货币政策的作用,加大对实体经济领域的信贷支持力度。央行结构性货币政策工具、民企债券融资支持工

具运用和普惠小微企业、制造业、涉农贷款余额均居全国第一。浙江省持续将科创金融纳入"融资畅通工程"重点工作,加大金融机构对科技型企业的信贷支持力度,并引导金融机构创新科技金融产品和服务模式。2022 年末,浙江科技服务业贷款余额 1.89 万亿元,同比增长 25.4%。

二、持续推进"凤凰行动"计划,重视资本市场对企业的支撑作用

以"腾笼换鸟""凤凰涅槃"为指引,浙江省开展全国首个区域性股权市场创新试点,探索走出了一条以资本市场为平台、以上市公司为主体、以并购重组为手段的经济转型升级新路子。

（一）多层次资本市场是经济转型的重要支撑

资本市场是现代金融的核心,能够从多方面推动经济增长的持续和经济增长质量的提升,对公司治理能力和企业竞争力的提升都有着重要的作用。然而,与发达国家相比,中国的金融市场仍然高度依赖银行体系主导的间接融资,这在客观上促成了企业债务的过度积累和金融风险在银行体系的过度集中,并一定程度上导致了资金空转和错配。

多层次资本市场建设是未来一段时期中国资本市场改革和发展的重要议题。通过资本市场的改革,实现存量盘活和增量发展,对于推动经济转型有着重要的意义。区域性资本市场是多层次资本市场中不可或缺的基础板块,只有构建规范的区域性资本市场,才能有效激发区域内民间资本的价值,有效解决中小企业面临的内外部约束问题,优化区域经济结构,促进区域产业结构升级。

（二）重视区域资本市场对实体经济的支撑作用

启动区域性股权交易中心是浙江经济转型升级的内在要求,有利于推动民间资本进入股权和债权市场,拓宽企业直接融资渠道,推动

更多小微企业改制、挂牌、定向转让股份和融资,提高实体经济的稳健性。

浙江省区域股权交易中心成立于 2012 年,是温州市金融综合改革试验区的主要任务和重要突破口之一。交易中心主要开展以下工作:针对未上市股份公司和其他有股权托管转让需求的企业提供四大类产品的服务,即股权转让和融资、债权转让和融资、股权登记托管服务以及其他金融创新服务;支持科技型中小企业上市前先挂牌区域性股权交易市场,实现规范发展;与沪深北交易所联合打造专精特新板、科创助力板等特色板块,开通新三板绿色通道。2022 年末,区域性股权市场挂牌企业 1.35 万家,累计推动转板上市企业 189 家。

(三)"凤凰行动"计划助力企业资本市场上市与并购重组

"凤凰行动"计划将科技型企业股改上市培育作为重点内容,着力提升浙江省科技型企业上市"一件事"办理服务,推动更多浙江优质科技型企业对接多层次资本市场,支持符合产业政策的科技型企业上市。2017—2022 年,浙江省 6 年新增境内外上市公司 446 家(境内 341 家),数量实现翻番;全省共有境内外上市公司 825 家,其中科创板企业 43 家,创业板企业 156 家,总市值超过 10 万亿元,累计通过境内外资本市场募集资金 2.2 万亿元,有效发挥经济发展"基本盘"和"压舱石"作用。

"凤凰行动"计划推动了上市公司并购重组热潮,在浙江出现了一批通过境内外并购实现企业发展、技术升级和转型发展的典型。而且,这种并购越来越高端,并购的对象集中在汽车、医药和航空等重要制造业领域,地区集中在美国、德国、日本和意大利等发达国家,其并购目的往往是获取先进技术与市场渠道等。2021 年,浙江省企业并购交易金额约 3000 亿元,已披露并购重组企业数量超过 1300 家。从区域看,并购交易主要集中在杭州、宁波和嘉兴,并购交易数量和融资金额均超过全省的 75%。

第二节　全方位的地方金融改革试点 推动普惠金融发展

作为金融供给侧结构性改革的重要内容,普惠金融在我国发展成效显著,但抵押物不足、融资额度小、信息获取成本高等问题一直是普惠金融发展面临的主要难题,中小微企业在成长中的金融支持仍存在不足,农村金融服务不足的现象仍大量存在,尤其是针对低收入群体的金融服务仍然亟待提升。区域金融改革是加强金融服务普惠性、推动金融更好服务实体经济的重要举措。2012 年以来,温州、珠三角、丽水、泉州等地的区域性金融改革风起云涌,区域金融改革成为各界关注的焦点。"自下而上"的地方金融改革与"自上而下"的国家金融改革共同推进了中国金融改革与发展的新一轮大潮。浙江是金融大省,近年来区域性的金融改革试点纷纷落户浙江,成为浙江金融改革与发展的重要抓手。

一、区域金融改革试点的历史背景与理论逻辑

长期以来,中国金融改革非常重视发挥和调动各个地方的积极性。"自下而上"的地方金融改革充分尊重基层治理的首创精神,注重发挥地方的积极性、能动性,持续探索可复制推广的地方金融改革发展的实践经验。在新发展格局下,区域金融改革成为优化金融要素资源配置、提高金融要素供给效率的重要路径,是国家层面推动供给侧结构性改革和全国统一大市场建设的重要内容。

（一）区域金融改革的历史背景和必要性

1. 区域金融改革是新时代构建新发展格局的客观要求

伴随改革开放的深入推进,金融体制与实体经济之间的适应性矛

盾有所显现,金融服务实体经济的效率和水平显露出一些问题。一方面,资金配置的结构性问题显现,在广义货币供应量充裕的宏观背景下,实体经济仍存在融资难、融资贵等现实难题,资金的配置结构有待优化;另一方面,投资的效率开始下降,而且金融体系出现资金空转、脱实向虚等货币现象。2015 年,国家提出供给侧结构性改革,基于金融层面的资本要素配置效率的提升也成为金融供给侧结构性改革的重要内容。如何通过绿色金融、农村金融、小微金融等探索新时代新发格局下推动乡村振兴、经济转型的金融支持路径,成为现实中迫切需要解决的问题。

2. 区域金融改革是符合中国国情的现实需求

中国幅员辽阔,各个地区差异性大,区域间发展水平不平衡,不同地域的劳动力、土地、资本等要素禀赋同样有很大的差异。要素结构决定了产业结构,进而决定了不同区域对金融结构、金融供给的差异化需求。这种金融基础和金融需求的差异化,决定了地方金融改革试点的必要性。可以说,通过区域性的金融改革试点探索不同的地方金融改革发展路径,是符合中国国情的现实需求所在。一方面,区域金融改革有利于对改革过程中的风险进行把控。区域金融改革从局部推进,从小范围探索金融改革的突破口,允许地方"试错",在必要时可以通过退出或者关闭来确保可进可退、风险可控。另一方面,区域金融改革有利于发挥地方的积极性。在中国改革发展的过程中,基层和地方的积极性很高。通过赋予地方金融改革探索的自主权,能够激发基层在金融改革发展中的自主性,有利于实现地方政府职能的主动转变,破除金融改革与发展的传统体制机制障碍,推动各类金融要素的市场化配置。

(二)区域金融改革的推进逻辑

区域金融改革试点的推进,要立足于全国性金融改革的总体框架,探索构建与本土经济社会发展相匹配的多元化金融体系,探索推动对全国金融改革发展具有借鉴作用的金融改革发展方案。

具体来说,我国正处于金融市场化改革开放快速推进的时期,而基于区域性金融改革的基层探索必须服从服务于全国层面金融改革进程的总体安排,并能够为全国总体的金融改革提供试错与修正的机会和地方的丰富实践。实际上,金融市场流动性很强,区域金融改革难免存在外溢效应,可能给整个金融体系带来全局性的冲击。因此,在鼓励地方金融创新的同时,保持金融改革的整体性、系统性显得尤为重要。

地方金融改革试点地区要具有典型代表性,能够利用好各个地方的现实条件。从地理范围看,要能够覆盖中、东、西部等不同地理位置的经济地区。从发展阶段看,要能够反映地方金融发展的不同阶段,以及金融发展的不同特色。金融改革的推进,要重视发挥地方政府的引导作用,由地方政府协同推进产业政策、土地政策、金融政策和税收政策等一揽子改革试点政策。

二、我国区域金融改革试点概览

现有的区域金融改革试点立足本地实际,积极探索与地方经济社会发展相适应的多元化区域金融体系,在增强地方金融供给能力、加强金融对实体经济服务能力、防范化解地方金融风险等方面都发挥了重要作用。

目前,"自下而上"的地方金融改革涉及 20 多个省份和地区。从试点地区来看,区域金融改革试点范围包括东部沿海发达地区、中部工业化转型地区、西部欠发达地区以及民族地区和边疆地区。从改革内容来看,涉及民间金融规范的制定、小微金融改革、农村金融改革、科技金融创新、金融对外开放等金融改革的方方面面。区域金融改革按照试点的内容,大概分为以下几类:一是自贸区金融开放创新试点,涉及上海自贸试验区的金融开放创新,天津、广东和福建自贸试验区的金融开放创新,辽宁、浙江、河南、湖北等第三批自贸区的金融开放创新;二是农村金融、乡村振兴金融支持的金融改革,包括黑龙江、吉林、四川成都、浙江丽水等地的普惠金融改革;三是民间金融和小微金融改革,包括浙江温州、台州及福建泉州的金融改革;四是绿色金融改革,涉及浙江、广东、新疆、贵州、江西五省(区);五是区域特色金融改革创新,涉及粤港澳大湾区金融合作、浙江义乌贸易金融创新、广州南沙新区金融改革、云南和广西沿边金融综合改革、山东青岛财富管理金融改革等改革试点。

三、浙江地方性金融改革成效显著

如上文所述,自 2012 年以来,浙江陆续启动各项区域金融改革试点。各个试点的金融改革内容与发展侧重点不尽相同,改革成效显著。

(一)温州金融综合改革成效显著

温州地区民间融资历史悠久,在现代社会同样非常活跃。温州综合金融改革坚持先行先试,试点取得了显著成效,在引导民间融资规范化、推动正规金融服务实体经济、创新拓展应用资本市场工具、完善地方金融监管体系建设等四个方面呈现出亮点。温州金融改革自 2012 年推动以来,各项金融关键指标持续向好,信贷投放数额不断增长,各项金融资产风险持续降低,资金供需逐渐匹配,区域存贷款余额持续增加,不良贷款率持续下降,尤其是在化解"两链"风险方面成效显著。2013 年 11 月,浙江省出台我国第一部民间借贷的地方性法规《温州市民间融资管理条例》。在此基础上,温州市持续探索搭建地方政府主导的民间借贷登记服务机构及备案制度,创建"温州指数"来反映民间融资市场利率,在民间融资规范化、阳光化、法治化方面取得有效突破,在解决小微企业融资难、民间资金投资难等"两多两难"问题上发挥了重要作用。

(二)丽水农村金融改革持续推进

丽水自农村金改启动以来,着力做好金融支农工程,积极推动"三权"抵押贷款、农户信用等级评定和农村金融服务站建设等,初步形成了金融惠农支农的丽水模式,并推广至其他县市。早在 2006 年,丽水就着手在其市县两级构建基于"三中心一机构①"的林权抵押贷款平台,实现了林农小额循环贷款、林权直接抵押贷款、森林资源收储中心担保贷款等贷款方式的创新,建构了从林权评估、登记、抵押担保到违约处置的系列制度机制安排。同时,在推进丽水土地流转承包经营以及农村住房财产权抵押贷款试点方面,基本构建形成了相对完整的农业农村产权融资体系。同时,丽水积极推进实现了支付等农村基础金融服务在整个行政村的覆盖,丽水农村金融服务站的运行方式得到世界银行的充分肯定。丽水在全国较早构建了农户信用信息系统并实现了行政村农户信用等级评定,推进"整村批发、集中授信"等金融业务。2018 年,中国人民大学评估显示,丽水农户贷款满足率达到32.2%,远远高于全国平均水平。

(三)义乌金融国际化改革逐步深化

义乌金融专项改革 1.0 版本在四个方面取得了明显成效。一是培育并建立基于供应链的金融服务平台。通过与浙江省国贸集团、物产集团合作开发,建立了包括金融、贸易、物流、通关等诸多环节的供应链金融服务平台。二是创新发展贸易金融产品。在大数据开发"电商通"等融资创新产品基础上,针对中小企业推出批量开发模式的"银通宝",建立小微企业"在线贷"等直接融资平台。三是持续推动互联网金融的发展。通过引入第三方支付机构,引导义乌电商平台与金融机构、异地第三方支付机构实现合作,引导商业银行实现互联网支撑。四是积极推动个人跨境人民币结算试点。更加重视面向国际贸易领

---

① "三中心"即林权管理中心、森林资源收储中心、林权交易中心,"一机构"即森林调查评价机构。

域提供金融服务,着力推进国际结算和兑付的便利化,重视优化贸易金融生态从而降低融资成本,更加注重借鉴上海自贸试验区在金融改革方面的有益经验,从而实现在跨境贸易结算、离岸金融等方面的创新。

义乌积极探索谋划金融专项改革2.0版本,实现了金融产品持续创新,小微金融不断探索,跨境人民币结算逐步深化,区域金融生态显著优化;同时,义乌致力于打造区域贸易金融发展高地,以金融创新助力企业"走出去"。出口买方信贷保险从解决义乌企业海外投融资难题出发,组合不同险种,充分发挥政策性保险作用,保障出海项目的安全,是以金融创新助力企业"走出去"的重要方式。具体来说,采用"银行＋保险创新融资"的方案组合,即"海外投资保险＋出口买方信贷保险"。由省级外贸综合服务企业国贸供应链有限公司参与投保的吉尔吉斯斯坦项目(唐顿)是首个以出口买方信贷保险支持中小企业"走出去"项目的正式落地。义乌通过落实关税保证保险等新型税款担保机制,进一步完善市场采购贸易进出口机制,中银保险为浙江吉纳物流有限公司开具的600万元保额的关税保证保险保单是其中的典型案例。同时,义乌不断优化对进口企业的金融服务。针对进口企业轻资产、缺乏抵押物、融资难等问题,金融机构探索在进口融资环节嫁接金融保险产品。比如,结合小额贷款保证保险和银行纯信用金融产品,开发"银行＋保险"创新产品,同时研究政策性担保融资,扩大覆盖面,将农信担保业务扩围扩大至商贸类企业等。

义乌金融专项改革对于促进区域贸易和投融资便利化、发展壮大义乌金融产业、扩大区域金融辐射范围和提升服务能力等意义重大。义乌金融改革不仅能够加快金融体制机制的发展,推动国际贸易的发展和经济结构的转型升级,而且有助于义乌和浙江其他地区以及上海的错位发展,提升浙中区域的金融影响力。

(四)台州小微企业金融服务成效显著

台州经济具有"小企业、大市场"的特点,集聚发展了台州银行、泰隆银行、民泰银行等一批中小法人银行机构。自台州市小微企业金融服务改革创新试验区成立以来,台州市面向小微企业的金融服务不断深化。一是成立小微企业金融服务专营机构,主要面向县域、乡镇和郊区设立新机构或网点。二是运用独特的小额贷款技术,推动信贷产品创新。台州市中小银行创新推出"三品三表""两有一无"等特色信用贷款业务模式,一定程度上解决了小微企业信用信息不足、抵押质押物不足、担保不足、增信不够等融资难题。三是启动农信普惠金融工程提升五年行动计划,提升农村金融服务能力和服务水平。四是成立路桥民间融资规范管理服务中心,确保民间资金保值增值和优化配置。同时,通过建立小微企业信贷产品信息查询平台,实现小微企业金融产品信息的顺畅传递。此外,台州在全国首创小微企业信用保证基金,以此破解小微企业融资担保难问题,并助力化解互保链危机。

(五)宁波国家保险创新综合试验显著创新

作为我国现代保险业的发源地,宁波有着深厚的保险沉淀,具备做强做大保险业的先发优势和创新基础。2008 年美国金融危机爆发后,国内中小企业普遍面临"资金荒"困境。2009 年 8 月,宁波在全国率先推出无抵押、无担保小额贷款保证保险产品,即"金贝壳"。此后,一系列"宁波样板"陆续推出,宁波保险创新逐步得到推广。2014 年,宁波获批全国第一个"会省市共建"保险创新示范区,各级政府投入3.21 亿元,推出食安险、巨灾险等多个创新项目。2016 年 6 月,首个国家级保险创新综合试验区落户宁波。宁波国家保险创新综合试验区的创新主要体现在以下方面:一是在具体险种上,更深更全地推进各类保险的覆盖;二是在保险资金的运用上,积极发展服务双创保险业务;三是在保险模式上,打造保险创新产业园,加强保险信用体系建设。

自 2019 年 12 月获批创建全国普惠金融改革试验区以来,宁波致力于打造全国普惠金融改革先行区、服务优质区、运行安全区,逐步探索出"重融资、强赋能、推全域"的发展路径,普惠金融取得显著成效:普惠金融贷款规模快速扩大,贷款成本逐年下降,贷款覆盖面有效扩大;2022年末,宁波市普惠小微贷款相比2019年末增长160%。

(六)衢州、湖州两地绿色金融改革成效突出

湖州和衢州的绿色金融改革创新,推动了绿色普惠金融在浙江的发展。习近平总书记"绿水青山就是金山银山"理念的提出,指明了中国发展的绿色之路,也指出了浙江区域金融普惠发展之路。以"绿水青山就是金山银山"理念为指导,以湖州、衢州绿色金融改革创新试验区建设为契机,浙江省通过绿色金融专营机构、绿色金融产品和金融服务、绿色金融标准和激励机制等方面的改革创新,推动绿色普惠金融发展。

2014年,衢州市被浙江省政府确定为全省唯一一个绿色金融综合改革试点市。2017年,衢州市被国务院批准为绿色金融改革创新试验区。启动改革以来,衢州市始终秉持"绿色+特色"理念,以"让绿色更普惠,让普惠更绿色"的理念不断深化绿色金融改革,不断深化"标准+产品+政策+流程"改革路径。2020年,衢州市被国家发展和改革委员会评为全国15个营商环境示范引领标杆城市之一。衢州深入实施融资畅通工程,为全市产业发展引来绿色金融活水,助推经济社会高质量发展。在绿色金融改革六大体系的推动下,衢州市企业信贷获得感明显增强,金融机构创新活力明显增强,金融助力社会治理能力明显增强,企业对接资本市场能力明显增强。2020年,衢州金融业增速9.7%,位列全市所有行业第一,普惠口径小微贷款平均利率降幅全省第一,全市20%以上的小微企业实现无还本续贷,占比全省第一。

自启动绿色金融改革创新实验区以来,湖州金融改革成果累计40多项在全国领先。湖州在长三角城市群绿色金融发展竞争力排名中连续位居第一。湖州绿色金融专营机构不断完善,截至2020年末,专

营机构总量达到41家,其中绿色金融事业部23家,绿色保险产品创新实验室2家、专营支行16家。湖州不断创新绿色金融服务,持续探索开发绿色金融产品。截至2021年末,湖州总体贷款余额7200多亿元,较2020年同比增长21%。其中,湖州绿色贷款余额约1600亿元,较2020年同比增长约50%,增速比全国平均增速高16个百分点;绿色贷款在湖州全部贷款中的占比高达22%,比全国平均占比高14个百分点。根据《湖州市绿色金融发展报告(2020)》统计数据,绿色信贷项目主要分布在节能减排、污染防治、生态保护和适应气候变化、资源节约和循环利用等方面。在绿色贷款规模增加的同时,湖州地区绿色信贷的风险管控也较为出色。截至2020年末,湖州市银行不良贷款率为0.51%,而绿色贷款不良率仅为0.05%。2021年12月,全国首个竹林碳汇收储交易中心在安吉县正式成立。湖州的金融机构已开发及发放"碳汇共富贷""碳汇惠企贷"等多个金融产品,开展完成"碳汇收储贷"预授信等创新金融服务。

(七)杭州、嘉兴科创金融改革前景可期

2022年,《上海市、南京市、杭州市、合肥市、嘉兴市建设科创金融改革试验区总体方案》发布,杭州、嘉兴成为全国科创金融改革试点区,通过试点推动杭州市打造国内现代科创金融体系的实践窗口以及国内金融服务科技创新发展的示范基地,推动嘉兴市打造长三角科技成果转化高地和科创金融一体化服务基地。杭州、嘉兴现有的金融生态环境奠定了其开展科创金融改革试点的现实基础。

2023年5月,在杭州市科创金融改革试验区启动仪式上,杭州市地方金融监管局发布杭州市建设科创金融改革试验区实施方案。杭州市科创金融改革试验区力图探索广渠道、多层次、可持续的科创服务体系,以此覆盖科创企业的全生命周期,探索中国特色科创金融发展道路,将杭州的科技创新优势转化为发展胜势;健全专营的科创金融机构,打造专业的经营管理团队,完善专属的风险管理制度和专项的考核机制;实现科创领域全覆盖、服务科创全过程、融资渠道全方位,在体制、技术、跨境投融资上创新,为科创企业提供全方位专业服务;健全风控安全体系,坚决守住不发生区域性、系统性金融风险的底线。

2023年8月,嘉兴市建设科创金融改革试验区实施方案正式发布,长三角G60科创走廊金融服务联盟嘉兴分会和长三角G60科创走廊金融服务中心嘉兴分中心揭牌。包括国有商业银行和地方性商业银行在内的9家科创金融专营机构挂牌成立,这是嘉兴市首批科创金融事业部(科创中心)。实际上,自2014年科创金融改革推进至今,嘉兴已经形成了科创金融的全产业链生态。截至2023年6月底,嘉兴科创企业整体贷款余额共计2720亿元,比2023年初增加427亿元;全市境内外上市公司共计84家,总数位居全省第四。

第三节　科技金融体系构建成效显著[①]

我国正处于转型升级、创新驱动的战略关键期,构建有效的科技金融体系,是实现创新驱动、推动供给侧结构性改革的重要抓手,是转型升级、实现高质量发展的重要保障,是提升国际竞争力、建设创新型国家的战略举措。2016年8月,国务院印发《"十三五"国家科技创新发展规划》,明确提出要探索技术、资本、市场、产业相融合的科技金融结合新模式,这为我国科技金融发展提供了新的政策契机,同时也提出了新的政策要求。作为国家级科技金融试点地区,2006年以来,浙江省始终走在全国科技金融创新工作的前列,在培育科技金融服务机构和推动科技型企业成长等方面取得了显著成效,如科技金融的杭州

---

① 本节相关内容已发表。参见:孙雪芬.政府引导型区域科技金融体系构建:基于杭州未来科技城实践的研究[J].治理研究,2018(4):59-66.

模式、科技保险的宁波实践等都已成为全国地市样本。近年来,杭州以城西科创大走廊发展为契机,以梦想小镇为抓手,创新区域内金融集聚形态,持续优化创新创业的金融生态环境,引导区域内的科技城金融服务体系从无到有、不断完善,业已形成具有相当规模的科技金融集聚区和相对完备的科技金融体系,形成了以风险投资为代表的科技金融发展高地。本节以未来科技城为案例展开调查研究,探讨在以梦想小镇为代表的新兴金融集聚业态下,地方政府引导科技金融体系构建过程中的主要行为及其实现路径、发展成效等,并提出进一步完善科技金融体系的对策建议。

一、科技金融研究文献综述

技术革命是新经济的引擎,金融则是新经济的燃料,技术和金融的结合是新经济的动力所在。从历史上看,每一次产业革命都源于科技创新、成于金融创新,金融革命往往先于产业技术革命。约瑟夫·A. 熊彼特(Joseph Alois Schumpeter)最早从银行视角提出了金融对企业创新活动的支持。他认为,银行能够有效识别具有新产品创新和生产能力的企业并对其提供资金支持,从而促成企业创新(Schumpeter,1912)。King 和 Levine(1993)构建了一个包括金融体系的流派增长模式,对 Schumpeter(1912)的观点进行了经验分析,验证了银行对企业信贷投入的增加能够促进科技创新的实现。

此后,学术界有关科技金融的研究主要基于微观视角和宏观视角展开。许多学者基于创新企业行为的微观视角,从金融中介发展、金融市场效率、金融系统风险分散功能、金融影响技术创新的渠道等层面研究了金融发展对技术创新的影响(Bencivenga 和 Smith,1995;Amore 等,2013;焦跃华、黄永安,2014;张学勇、张叶青,2016)。Solow(1957)开辟了"金融—技术—增长"的宏观研究视角。此后,不少学者开始将金融对科技创新作用的研究纳入宏观经济学分析范畴,逐步关注金融资本积累和资本效率提高对长期经济增长的影响（Levine 等，2000；Philippe，2005；李苗苗等，2015；谢婷婷、任丽艳，2017）。

由于各个国家科技资源和金融资源的禀赋不同以及资源配置方式的差异，加之本地特有的制度环境的约束，在探索科技金融模式的实践中，形成了多样化的发展模式。根据科技金融实现路径和运行机制的不同，可以将科技金融模式分为资本市场主导型、银行主导型、政府主导型、社会主导型等四类（赵昌文等，2009）。事实上，科技金融体系的构建是一个系统性、全方位的工程，既涉及金融机构、中介机构等微观企业主体，又涉及金融、财政、科技等政府相关职能部门。科技金融发展中的政府行为引起许多学者的关注（Goldsmith，1969；国丽娜，2015）。研究表明，政府的财政政策和财政资金是对企业进行支持的重要方式，能够有效促进技术创新。崔兵（2013）基于需求追随型和供给主导型科技金融模式的分类，详细剖析了政府在科技金融发展中的重要作用和现实实践。从现实情况看，不论在何种科技金融模式下，政府均发挥着不可或缺的重要作用，而且其角色往往伴随科技金融体系的发展而动态演变。近年来，随着科技财政投入方式的变革，不少学者针对政府公共科技金融及其投入绩效展开深入研究（郭兵、罗守贵，2015；施国平等，2016；曾胜、卜政，2017；刘立霞，2017；董建卫等，2018）。同时，有研究表明，地方政府对金融发展的不当干预会削弱金融中介对企业技术创新的促进作用，从而阻碍企业技术创新（余泳泽，2011；孙婷等，2011）。

总体而言，国内外学者围绕科技金融进行了大量研究。当前，伴随中国经济发展阶段的转变和创新驱动发展战略的深入推进，以及中国科技资源、金融资源的积累升级和相关制度环境的不断变迁，科技金融在促成科技成果转化、培育战略性新兴产业、提升自主创新能力等方面的重要作用将不断强化。在这一背景下，深入开展科技金融相关研究显得尤为重要。其中值得关注的问题有：当前的科技金融模式是哪一种？其实现路径和发展成效如何？政府在其中的作用方式和作用绩效是怎样的？当前的科技金融发展模式后续该如何完善？有哪些关键的实现路径？政府在其中的角色又该如何转变？

二、科技金融的典型发展模式与实现路径

构建有效的科技金融体系,促成科技资源和金融资源有效对接,是解决科技型企业融资难题、实现科技成果资本化和产业化,提升我国自主创新能力、实现高质量发展的重要抓手。

(一)科技金融的典型发展模式

目前学界尚没有关于科技金融的科学、完整、明确的概念界定。赵昌文等(2009)最早给出了科技金融的定义,认为科技金融是促进科技开发、成果转化和高新技术产业发展的系列金融工具、金融制度、金融政策与金融服务的系统性安排。

根据科技金融实现路径和运行机制的不同,可以将科技金融模式分为资本市场主导型、银行主导型、政府主导型、社会主导型等四类(赵昌文等,2009)。资本市场主导型和银行主导型是科技金融的主流模式,以资本市场和金融中介等市场化路径作为科技型企业的主要融资路径。在世界主要国家的科技金融实践中,美国和英国是典型的资本市场主导型模式,日本和德国是典型的银行主导型模式。在政府主导型模式中,政府在科技金融资源的配置中发挥主导作用,其主要通过贴息贷款、信用担保以及引导基金等为科技活动提供融资支持,以色列、韩国和印度是典型的政府主导型模式。在社会主导型科技金融模式中,社会机制起主导作用,往往采取自我融资和非正式融资的方式,由亲朋好友和业务关系形成的社交网络是科技型企业融资的主要途径。

(二)科技金融的实现路径及其影响因素

科技金融体系的构建是一项系统性、全方位工程,既涉及金融机构、中介机构等微观企业主体,又涉及政府的金融、财政、科技等相关

职能部门。本书基于前期研究,提出"四位一体"的科技金融实现路径,即以天使投资、创业投资、股权市场、企业债券为主要融资工具的直接融资机制,以银行信贷、小额贷款、金融租赁为代表的间接融资机制,以科技金融平台、信用体系、科技担保、科技保险、政府引导基金为主的政府服务引导体系,以及以综合性政策、协调管理机制、科技金融研究、人才队伍建设为主的政府政策监管体系(见图5.1)。

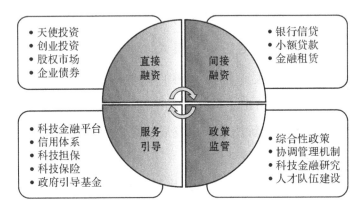

图 5.1　科技金融的实现路径

科技型企业主要以技术作为企业的核心竞争力,无形资产占比高,技术风险较大;同时,科技发展速度快,科技产品或服务的生命周期短,市场风险也比较高。这些因素导致高风险的科技型企业往往很难获得以安全性为首要经营原则的商业银行的贷款支持。通过天使投资、创业投资、股权市场和企业债券等获取金融资本的直接融资支持,是科技型企业重要的资金来源。其中,天使投资和创业投资不仅能够为科技型企业提供资金支持,还能通过创业投资者长期积累的经验、知识、信息网络等帮助创业企业更好地经营,是科技型企业在成长初期和中期最为重要的外部融资途径。

以银行信贷为主的间接融资是发展中国家科技型企业获取外部融资支持的重要途径。然而,科技型企业信用等级普遍偏低,在信息不对称及其可能导致较为严重的逆向选择和道德风险问题的情况下,贷款银行通常会附加一些非价格条件,如要求贷款人提供抵押等;同时,传统银行往往缺乏针对科技贷款的资信评估体系和风险防范能力,其贷款承担的风险与收益又往往存在不匹配的情况。这些都制约着传统银行参与科技型企业融资的积极性。通过成立专营性科技银行、小额贷款公司以及融资租赁公司等,为科技型企业提供间接信贷支持,是科技金融的重要实现路径。金融租赁是一种特殊而有效的融资方式,实质上是中长期科技贷款的短期化,因其无抵押和还款灵活等特点,正成为日益重要的新型融资方式。

解决科技型企业融资过程中的信息不对称和融资风险分担问题,离不开政府服务体系的建设。搭建线上线下科技金融服务平台和完善基础信用体系,能够有效解决资金供需双方信息不对称带来的逆向选择和道德风险问题,从而提升金融服务效率、加大资源整合力度、加快信息传递速度。通过科技担保和科技保险等,能够有效解决科技型中小企业抵押难、担保难的问题,实现科技型贷款的风险分担,由此大大提升银行对企业贷款的积极性。此外,政府引导基金不仅是引导社会资本参与科技型企业的重要手段,而且有助于实现区域内资本投入与科技产业发展规划的协同。

作为一项系统性、专业性工程,科技金融体系的构建同样离不开政府的政策支持与监管。科技金融工作涉及金融、科技、财政等各个部门,科技金融机构和中介机构的集聚离不开综合性政策的制定以及相关职能部门的协调管理。同时,科技金融创新涉及银行、证券、保险、担保、风险投资、债券、小额贷款、科技创新等方方面面,很难仅依靠一个部门或少数人进行探索创新,必须集思广益,充分发挥专家团队的作用,因此,科技金融相关研究和人才队伍建设也是完善科技金融服务体系的重要保障。

各个国家的科技资源、金融资源禀赋及制度环境不同,导致科技型企业融资路径各异,并在现实中形成了差异化的科技金融发展模式。然而,不论在何种科技金融模式下,政府的服务引导和政策监管均是构建科技金融体系的重要路径。在科技金融体系的构建过程中，政府发挥着不可或缺的重要作用，而且其角色往往伴随科技金融体系的发展而动态演变。一般来讲，在一国科技金融体系构建之初，政府主导型科技金融模式往往占据主导地位；随着科技金融环境的不断完善，政府主导型模式会逐渐向市场主导型模式演进。

三、科技金融的浙江模式发展成效与实现路径

近年来，浙江省科技金融生态日渐成熟，已经形成了以创业投资、股权投资为主导的私募基金产业生态链。

(一)科技金融发展成效——基于未来科技城的分析

以杭州未来科技城为例，其科技金融发展的典型成效主要体现在三个方面。

1. 风险投资成为区域科技金融的主导形态

未来科技城金融产业从零起步，机构数量和资本总量快速增加，金融产业发展速度明显提升，金融产业的集聚特征逐步显现，对区域经济和区域税收的贡献逐步增大。在 2015 年 3 月召开的中国(杭州)财富管理论坛上，浙江省省长对梦想小镇打造全国创业高地和资本集聚高地的工作给予高度评价，并向全国金融机构发出邀请。实际上，2015 年以来，未来科技城不断发挥科技城产业优势，重点招引培育知名品牌机构，加快发展天使投资基金，深入推进科技和金融结合，加快科技成果转化和产业化，打造全省最大的创新资本集聚高地，风险投资机构在未来科技城呈现显著的裂变式发展特征。截至 2023 年 6 月，未来科技城累计引进源码资本、中电海康产业基金等股权投资机构 1607 家，资产管理规模 3672 亿元。

区域内机构主要集聚在梦想小镇天使村和西溪湿地艺术家集合村(天使村先导区)。梦想小镇天使村积极培育和集聚天使基金等风险投资机构，重点发展互联网金融、股权投资(管理)机构等，构建覆盖

企业不同发展阶段的金融服务体系。西溪湿地艺术家集合村（天使村先导区）位于西溪湿地三期内部，能为上市公司提供定制化、花园式、低密度的办公条件，主要安排浙江省内上市公司投融资中心或下设 30 亿元以上规模的基金、股权投资（管理）机构落户办公。

2. 企业上市及并购重组持续推进

近年，未来科技城制订了企业上市培育行动计划，设置高层次目标，完善全方位配套政策，为企业上市开辟梦想通道。优先把人才顶尖、科技领先的科技型中小微企业列入未来科技城"育成计划"名单，将新三板、浙江股权交易中心等场外交易市场挂牌企业列入培育名单，实行重点发展、梯度培育。同时，加快完善企业规范化股改、上市挂牌、兼并重组等链条式扶持政策，实行资源要素配置向优势企业特别是股份制企业倾斜，充分调动企业上市挂牌和并购重组的积极性。

3. 由政府引导逐步转向市场主导的内生性发展

政府引导在最初的金融集聚、科技金融体系构建中扮演了非常重要的角色，充分体现了"政府引导、市场主导"的科技金融模式与形成机制。同时，值得关注的是，伴随区域内科技金融体系架构的逐步完善，在政府引导作用之外，由市场主导的、基于企业自身的内生性增长机制将在后续的发展中扮演更为重要的角色。

事实上，内生性的发展特征已经开始显露，这也是近年来金融产业快速集聚的重要因素。究其原因，一方面，经过几年的发展，企业逐步完成研发，进入产业化阶段。梦想小镇的现实启用更加速了科技型、创新型项目的集聚，优质的项目必然吸引大量的金融投资者。另一方面，股权投资机构的集聚吸引了上下游企业和机构的入驻，实现了投资机构内生性的以商引商。

（二）政府引导区域科技金融体系构建的路径

地方政府、金融企业、中介机构的协作是完善科技金融生态、构建科技金融体系的必要条件。在科技金融体系构建的初期，地方政府的引导作用尤为重要。针对科技型企业初创、成长、成熟、上市后的不同发展阶段,未来科技城注重有针对性地运用好金融创新和各类政策工具,推动创新创业企业快速成长。其采用了以下五个方面的重要举措。

1. 出台扶持和培育政策,促成金融机构集聚

在先期的金融集聚中,未来科技城管理委员会因势利导,将金融产业规划为四大主导产业门类之一,明确规划布局,定制了全方位的政策服务体系,持续致力于打造良好的地方政府金融服务体系,营造良好的区域金融生态环境,显著增强了科技城对金融企业的吸引力。

为了重点培育和发展金融服务业,未来科技城专门出台了《关于加快梦想小镇(天使村)建设的政策意见》,对金融投资机构予以房租补贴、规模发展奖励、投资追加奖励、财政贡献奖励、高端人才奖励、创业投资引导基金等六个方面的政策支持,吸引了大量的投资机构在这里投资、注册落户。此外,进一步研究出台了《关于梦想小镇(天使村)金融企业财政扶持政策实施细则》等金融扶持政策,积极发挥政策导向作用,加大对金融企业的招引力度。通过出台相关支持性和鼓励性政策,促使区域内针对金融企业的服务不断创新和完善,激发了金融机构在区域内落户与创新发展的积极性,进而不断促成区域内投融资信息的对接交流。

2. 以平台建设、活动举办等推动资智对接常态化

在平台建设上,注重打造高规格、专业性平台。一是充分利用国际人才创新创业板平台。利用国际人才创新创业板落户未来科技城的地利人和优势,发挥其资本吸纳能力、人才集聚能力、创新成果转化能力和服务辐射能力,推动未来科技城国际人才、科技产业与各类资本的深度融合,加快企业股改进程。同时,借助浙江股权交易中心与上海证券交易所、深圳证券交易所合作在未来科技城设立"国际人才板企业上市培育基地"的机遇,推动企业加速上市进程。二是加快推动创投小镇平台建设。创投小镇主要吸引国内外具有影响力的创投机构、上市企业投融资总部或者区域总部、大型私募基金及其管理公司,以及大型金融中介服务机构落户,积极打造"创业资本的集散地、天使投资的自由港、创新金融的先行区、资智融合的大平台"。

同时,未来科技城积极举办各项活动,推动实现区域内信息共享。依托专业孵化器、股权交易中心等平台,开展各产业资本对接,促进资智互动。针对初创期、发展期、成熟期不同阶段的科技型企业,积极组织各种形式、不同主题的投融资会议,基本做到各类投资融资对象、直接间接融资模式全覆盖。

3. 设立金融风险池,鼓励银行对企业授信

为了鼓励银行对科技企业增加授信,未来科技城特别设立各项金融风险池,其中包括未来科技城金融风险池(2013 年 12 月设立)、未来科技城大学生创业贷风险池(2015 年 1 月设立)和未来科技城电子信息产业金融风险池(2015 年 10 月设立)。[①] 截至 2016 年底,已召开金融风险池(包括大学生创业贷风险池)贷款评审会 31 次,共计完成尽调项目 140 个,通过项目 75 个,信贷资金额度总计 2.055 亿元(2016年召开了 7 次,通过项目 33 个,信贷资金额度总计 0.77 亿元)。

各个金融风险池与银行授信规模的杠杆比率是 1∶8,基于这个杠杆,财政资金的使用效率大幅度提升。若发生风险池基金赔付,担保公司负责催讨欠款,追回金额按三方赔付比例返还风险池基金。赔付总额超出风险池基金的部分,由未来科技城管委会、担保公司、银行按比例承担。风险分担机制让银行、担保公司和未来科技城管委会都减少了承担的风险,由此提高了银行贷款的积极性,有效降低了初创期企业的贷款门槛。

---

① 三个风险池基金的规模均是 2500 万元,未来科技城管委会、担保公司各安排 1000 万元,银行承诺 500 万元风险池匹配资金。金融风险池、大学生创业贷风险池的分摊比例是 4∶4∶2,电子信息产业金融风险池的分摊比例是 4∶4.5∶1.5。

4. 设置各类引导基金,撬动社会资本

为了引导社会资本加强对创业企业的资本支持,未来科技城目前共设置两个创业投资引导基金:一个是未来科技城(海创园)创业引导基金(规模 1 亿元);另一个是未来科技城(海创园)天使投资引导基金(规模 1 亿元),更加侧重前段天使轮的投资。两个引导基金作为母基金,对专业天使投资基金、风险投资基金进行阶段参股,支持入驻未来科技城的科技型企业的发展。多个基金获得未来科技城引导基金及同股同权基金出资,实现财政性资金有效撬动社会资本。

引导基金由专业的投资机构进行调查、决策和投后管理,比政府直接运作更加专业,在具体操作层面保证了资金的安全。政府资金投资于多个基金,不直接投资于企业,每个基金对投资企业的额度有限制性规定,两次的分散投资能有效化解非系统性风险。一旦基金发生清算,管理机构承诺优先清偿政府出资的引导资金部分,设置了财政资金安全的最后一道关口。总之,通过引导基金的设置,实现了“直接变间接、分配变竞争、无偿变有偿、事后变事前、低效变高效”的五个转变,有效撬动了社会资本。

5. 推进企业上市及兼并重组

未来科技城重视加快推进企业上市及上市企业的兼并重组工作,为企业拓宽融资渠道、提升品牌影响力、做大做强提供强有力的支撑,以期有效发挥上市公司在区域经济转型升级和创新发展中的引领与带动作用,持续提升区域经济发展能级。在尊重企业上市主体地位的同时,未来科技城不断提升政府服务能力,注重构建立体式的学习培训体系,鼓励企业开展规范化股改和上市挂牌。

第六章　浙江防范化解金融风险的实践探索

金融安全是国家安全的重要组成部分。党的二十大报告指出,防范化解金融风险还须解决许多重大问题。实际上,自从党的十九大把"防范化解重大风险"列为"三大攻坚战"之首以来,我国金融安全治理体系不断完善,党和国家维护国家金融安全的能力不断提升,防范化解重大金融风险攻坚战取得重要阶段性成果。然而,"世纪疫情影响深远,逆全球化思潮抬头,单边主义、保护主义明显上升,世界经济复苏乏力,局部冲突和动荡频发,全球性问题加剧,世界进入新的动荡变革期"①,我国发展进入战略机遇和风险挑战并存、不确定难预料因素增多的时期,"黑天鹅""灰犀牛"事件随时可能发生,我国金融安全仍面临不少风险和挑战。实际上,在我国利率、汇率市场化改革及资本项目可兑换逐步推进的过程中,伴随人民币在国际金融体系中地位的日益提升,我国金融系统面临的风险更为复杂和突出,金融系统的安全性面临更多的挑战。从浙江省内来看,在宏观经济金融背景下,在推动地方性金融改革和发展的过程中,区域金融层面出现的金融风险问题同样不容忽视,需要给予足够的重视并采取有效的防范和应对措施。

---

　　① 高举中国特色社会主义伟大旗帜　为全面建设社会主义现代化国家而团结奋斗[N].人民日报,2022-10-26.

第一节　防范化解金融风险是国家安全的
　　　　　重要内容

一、我国当前面临的主要金融风险

当前,世界百年未有之大变局加速演变,人类社会面临前所未有的挑战,世界发展进入新的动荡变革期,国际国内经济金融运行环境正在发生深刻变化,我国金融安全面临新的严峻挑战。

从国际金融风险来看,当前全球金融体系的抗风险能力面临多重考验,金融稳定风险迅速上升,尤其是以美联储为代表的发达国家央行货币政策调整①给全球金融市场带来巨大冲击。自 2023 年 3 月以来,硅谷银行、第一共和银行、瑞信银行等欧美银行业利率风险和流动性风险暴露并导致多家银行破产。同时,美联储加息也导致包括中国在内的新兴市场国家面临汇率贬值和资本外逃的明显压力,人民币对美元中间价在 2022 年全年累计贬值 5889 基点,贬值幅度超过 9.23％②。

从国内金融风险看,我国正处于由高速增长阶段转向高质量发展的关键时期,面临人口未富先老、资本边际效率下降、资源环境约束加大等重大挑战,对我国金融风险构成潜在的冲击。具体来说,高杠杆仍是当前我国最大的金融隐忧所在(见图 6.1)。2002 年底,中国实体经济部门总体杠杆率为 136.40％,其中,居民部门杠杆率为 15.30％,非金融企业部门杠杆率为 96.10％,政府部门杠杆率为 25.00％。截

---

① 2022 年至 2023 年上半年,为应对国内高通货膨胀风险,美联储开启持续 10 次、共计 500 个基点的激进加息。

② 数据来源于 Wind 数据库。

至 2023 年第二季度末,中国实体经济部门杠杆率为 283.90%,是 2002 年的两倍多,其中,居民部门杠杆率为 63.50%,非金融企业部门杠杆率为 167.80%,政府部门杠杆率为 52.60%。①

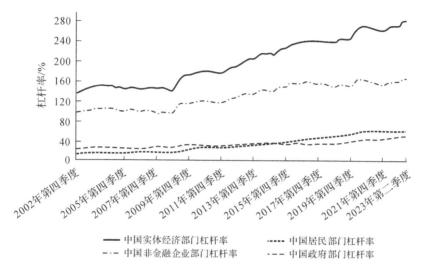

图 6.1 中国实体经济部门杠杆率

数据来源:Wind 数据库。

2022 年底召开的中央经济工作会议明确指出,要有效防范化解重大经济金融风险,尤其是三个方面的风险:一是房地产业引发的系统性风险;二是金融风险;三是地方政府债务风险。因此,继续有效防范化解重大金融风险、做好国家金融安全工作仍然是未来一段时间国家层面经济金融工作的重要内容。

二、防范化解金融风险具有重要意义

(一)国家金融安全是总体国家安全的重要组成部分

维护金融安全,是关系我国经济社会发展全局的一件带有战略性、根本性的大事。实际上,金融安全和金融风险问题在不同的历史

---

① 数据来源于 Wind 数据库。

时期有着不同的表现,金融安全的主题随着时代的变迁不断演变。新时代以来,全球百年未有之大变局加速演变,世界经济政治格局正在发生深刻变化,大国博弈和地缘冲突持续升级,金融工具"政治化""武器化"趋势更加明显,个别国家利用本国货币在全球货币金融体系中的核心地位,对其他国家进行金融制裁。2022年俄乌冲突爆发以来,以美国为首的西方38个国家联合对俄罗斯发起严厉的金融制裁,将多家俄罗斯银行从国际资金清算系统中移除,冻结俄罗斯央行外汇储备。实际上,自"9·11"事件以来,美国对他国金融机构进行金融制裁的范围不断扩大,力度不断加强。2014年克里米亚危机后,美国及其盟友对俄罗斯出台三轮金融制裁。西方国家对俄罗斯的金融制裁警示我们:维护国家金融安全是关系我国总体国家安全和现代化进程的一件带有战略性、根本性的大事,必须未雨绸缪,高度重视。中国自改革开放以来积累了大量外汇储备[1],并购买了大量美国债券,然而长期以来却深陷国际资本流动的"斯蒂格利茨怪圈"。基于美国财政部国际资本系统(TIC)的数据测算,若以人民币计价,21世纪前十年,汇率改革之前的中国外汇储备的投资平均收益率约为5.54%,汇率改革后仅为1%;如果剔除外汇冲销成本,汇率改革前的平均收益率为3.59%,汇率改革后则降至-1.64%(王永中,2011)。此外,中国高额外汇储备还面临着较高的资本损失风险。形成这种"斯蒂格利茨怪圈"的根本原因是全球经济结构失衡,失衡的根本则是美元霸权。今天的全球金融体系仍以美元为中心,美元仍然是毋庸置疑的全球主导货币。2022年第三季度,美元占全球公开的官方外汇储备比重约60%。这一比例较2000年占外汇储备的71%虽有所下降,但仍远远超过包括欧元(19.6%)、日元(5.3%)、英镑(4.6%)、人民币(2.8%)在内的所有其他货币。党的十八大以来,维护国家金融安全被提到了一个新高度。2015年7月,全国人大常委会通过的《中华人民共和国

---

① 截至2023年3月末,中国外汇储备规模为3.2万亿美元。

国家安全法》把防范化解金融风险单列一条,强调"防范和化解系统性、区域性金融风险,防范和抵御外部金融风险的冲击"是维护国家安全的重要任务。2017年5月,习近平总书记在主持中共中央政治局第四十次集体学习时强调,要"切实把维护金融安全作为治国理政的一件大事"①,进一步确立了新时代国家金融安全的战略定位。党的二十大报告将维护国家安全作为专章论述、作出专门部署,明确提出强化金融安全保障体系建设。

(二)国家金融安全是实现高质量发展必须跨越的关口

从历史上看,一些后发国家在经历经济赶超阶段的高速增长后,之所以没有跨越高收入国家门槛、步入高质量发展阶段,一个重要的原因就在于遭遇了金融危机的冲击。以20世纪80年代拉美金融危机为例,阿根廷人均GDP早在1913年已经超过3000美元,20世纪90年代末期甚至超过9000美元,被认为有可能是第一个跨入发达国家的发展中国家。但是,阿根廷在20世纪80年代陷入债务危机后,40%的人陷入贫困,失业率高达30%,长期落入"中等收入陷阱",现代化进程自此徘徊不前。20世纪90年代初,日本房地产泡沫破裂,自此陷入长期衰退与持续通缩的经济困境;21世纪初,日本经济开始有所好转,但2008年爆发的美国金融危机再次将日本经济拖入低谷。

习近平总书记强调,"经济是肌体,金融是血脉,两者共生共荣"②。金融只有做好实体经济的"血库",两者有机统一、互为表里,才能保障经济平稳发展,否则极易出现过度自我循环和非理性膨胀。英国经济学家亚当·斯密在《国富论》中指出,"慎重的银行活动,以纸币代金币,比喻得过火一点,简直有些象架空为轨,使昔日的大多数通衢大道,化为良好的牧场和稻田,从而增加土地和劳动的年产物。但是,我

---

① 习近平:金融活经济活金融稳经济稳　做好金融工作维护金融安全[N].人民日报,2017-04-27.

② 习近平:深化金融供给侧结构性改革　增强金融服务实体经济能力[N].人民日报,2019-02-24.

们又必须承认,有了这种设施,国内工商业,固然略有增加,但用比喻来说,和足踏金银铺成的实地相比,这样由纸币的飞翼飘然吊在半空,是危险得多。管理纸币,若不甚熟练,不用说了,即使熟练慎重,恐仍会发生无法制止的灾祸"(亚当·斯密,1972)。这意味着,一方面,"资本作为重要生产要素,是市场配置资源的工具,是发展经济的方式和手段","在社会主义市场经济体制下,资本是带动各类生产要素集聚配置的重要纽带,是促进生产力发展的重要力量"①;另一方面,"资本具有逐利本性,如不加以规范和约束,就会给经济社会发展带来不可估量的危害"②。我国经济已由高速增长阶段转向高质量发展阶段,实现经济高质量发展,离不开资本的健康发展,离不开金融安全的有效保障。

三、防范化解金融风险的主要思路

防范化解金融风险,既要把握我国当前金融风险的客观现实与潜在危险、明确金融安全的底线要求,又要坚定对中国共产党领导和中国特色金融发展之路的"四个自信"、明确维护国家金融安全的根本保障,既强调在稳增长的基础上防风险、贯彻统筹发展和安全的系统观念,又要坚定市场化与法治化的改革方向、明确防范化解金融风险的重要原则。

(一)坚持底线思维,防止发生系统性金融风险

"防止发生系统性金融风险是金融工作的永恒主题。"③金融的核心是跨越时间、跨越空间的价值交换,本身便是经营风险的行业;信用作为金融底层要素,本身便意味着不确定性。金融体系的顺周期性进

---

① 依法规范和引导我国资本健康发展 发挥资本作为重要生产要素的积极作用[N].人民日报,2022-05-01.
② 依法规范和引导我国资本健康发展 发挥资本作为重要生产要素的积极作用[N].人民日报,2022-05-01.
③ 习近平:深化金融改革 促进经济和金融良性循环健康发展[N].人民日报,2017-07-16.

一步强化了金融体系的不稳定性，导致金融不稳定性、金融危机的发生成为必然。而且，金融风险一旦发生，便具有极强的国内国际传染性。在一国内部，局部、单一金融风险会通过金融市场、金融机构等渠道，在信用风险、流动性风险、市场风险等不同部门之间相互转化，最终可能演变为系统性金融风险，带来整个国内金融体系的危机。在一国外部，他国发生的金融风险往往会通过资产负债表、宏观基本面、流动性周期、国际贸易等各个渠道，很快扩散至全球相关联的经济体，表现出极强的国际传染性。自20世纪70年代以来，在新自由思潮主导下，西方国家金融市场化、自由化快速推进，客观上加剧了全球金融市场的波动，导致不同类型的金融危机在世界范围内频繁爆发，其中既有源于发展中国家的危机，又有源于发达国家的危机。党的十八大以来，我国金融市场化对内对外改革不断深入，利率市场化、汇率市场化持续推进，资本项目对外开放稳妥推进，但这也意味着我国金融体系将有更多的市场风险暴露以及更容易遭受他国的金融风险传染。在以高质量发展推进中国式现代化，构建高水平社会主义市场经济体制和高水平对外开放的过程中，我国将仍有可能处于金融风险易发、多发期。因此，需要时刻坚持底线思维，"坚决守住不发生系统性金融风险底线"[1]。

（二）坚持中国共产党的领导和中国特色社会主义制度

恰当合理的金融制度安排是一国经济金融高效、平稳运行的重要保障。中国之所以是40余年来少有的、没有发生过系统性金融风险的国家，正是源于中国共产党的领导和中国特色金融发展之路的制度安排。以商业银行为主导的间接融资结构和以国内债务为主的债务主体结构，是我国能够顺利启动并完成相关债务置换、防范潜在金融风险的重要制度基础；大规模外汇储备、有管理的浮动汇率制度和资

---

[1] 习近平：金融活经济活金融稳经济稳 做好金融工作维护金融安全[N]. 人民日报，2017-04-27.

本账户有管理的开放,是公开市场上防止人民币汇率大幅波动、维护我国资本市场稳定的重要制度保障;"一城一策""因城施策"的房地产调控政策和差异化的金融信贷政策,是房地产市场保持平稳运行的重要政策支撑。实际上,拉美债务危机、亚洲金融危机等都表明,发展中国家不以本国国情为出发点、盲目借鉴发达国家的金融制度,快速推进金融自由化与金融市场化,短期内对本国金融制度进行休克式改革,往往容易引发系统性金融风险,导致金融危机的发生。因此,"发展金融业需要学习借鉴外国有益经验,但必须立足国情,从我国实际出发,准确把握我国金融发展特点和规律,不能照搬照抄"[①]。中国共产党的领导是中国特色社会主义金融制度的最大特征、最大优势,"要坚持党中央对金融工作集中统一领导,确保金融改革发展正确方向,确保国家金融安全"[②]。2023 年 3 月印发的《党和国家机构改革方案》,确定组建中央金融委员会和中央金融工作委员会,负责金融稳定和金融发展的顶层设计,这正是从制度层面加强保障党中央对我国金融工作和国家金融安全的集中统一领导。

(三)统筹发展和安全,注重在稳增长的基础上防风险

统筹发展和安全成为新发展阶段当前和今后一段时期重要的两件大事。事实上,如何让金融市场在保持稳定的同时有效服务实体经济,如何协同实现经济发展与金融稳定两大宏观政策目标,是世界各国普遍需要解决的重要课题,也是 2008 年美国金融危机发生后国内外学术界讨论的热点问题。长期以来,传统的货币金融调控以价格稳定和经济发展为主要目标,其政策目标并不包括金融稳定或者防范化解金融风险。2008 年的美国金融危机引发学术界关于金融稳定是否应被纳入货币政策目标的争论,有学者主张将金融稳定纳入货币金融

---

① 习近平:金融活经济活金融稳经济稳　做好金融工作维护金融安全[N].人民日报,2017-04-27.

② 习近平:深化金融改革　促进经济和金融良性循环健康发展[N].人民日报,2017-07-16.

调控目标,构建货币政策与宏观审慎政策双支柱调控框架,同时致力于经济发展与金融稳定双重目标的实现。具体来说,货币政策以物价稳定和经济增长为目标,致力于解决经济发展中的价格问题和总量问题;宏观审慎政策以金融稳定为目标,致力于防范金融体系潜在的金融风险尤其是系统性金融风险。宏观审慎监管不同于传统的微观审慎监管:从时间维度看,宏观审慎监管主要针对金融机构和金融体系的顺周期性,强调建立逆周期的调节机制,降低金融体系顺周期特征可能引发的金融风险;从空间维度看,宏观审慎监管强调识别具有系统性重要地位的金融机构以及关注整个金融体系中的风险分布,从而有针对性地实施更加严格的监管。党的十九大报告提出,要健全货币政策和宏观审慎政策双支柱调控框架,这是新时代新征程实现统筹发展和安全,实现在稳增长基础上防范化解金融风险、保障国家金融安全的重要思路和基本框架。

(四)遵循市场化、法治化原则

防范化解金融风险要遵循市场化、法治化原则,这是我国维护国家金融安全的重要原则。一是坚持市场化原则。当前,社会主义市场经济体制在我国已经全面确立,金融机构及其股东作为市场主体,在金融风险防范和处置中理应切实承担市场主体责任。金融机构应当严格遵守资本和风险管理等相关制度,有效监测、识别和防范风险,建立市场化资本补充机制,加大不良资产处置力度。在风险处置过程中,被处置金融机构应当穷尽"自救"手段,采取一切必要措施清理债权债务,挽回损失。要有序推动个别资不抵债的机构实现市场化退出,以市场化方式引入战略投资者、处置不良资产和进行资本补充等。同时,存款保险基金、行业保障基金等管理机构也应当发挥市场化风险处置平台的作用,以市场化方式促成收购承接、出资等风险处置。二要坚持法治化原则。社会主义市场经济本质上是法治经济。以市场化原则实现金融风险的防范处置,客观上要求完善相关金融法律制度。事实上,党的十八大以来,我国金融立法工作持续推进,《中国人民银行法》《中华人民共和国商业银行法》《中华人民共和国保险法》《中华人民共和国证券法》等 70 余部金融基础法律相继修正或修订,部门规章和规范性文件、地方性法规等多层次的金融法律体系不断完善。2022 年 12 月,十三届全国人大常委会第三十八次会议对《中华人民共和国金融稳定法(草案)》进行了审议,这是我国第一部以维护国家金融安全为主旨的纲领性文件,是法治化原则在维护我国国家金融安全中的重要探索,能够有效解决我国金融稳定法律体系缺乏的整体设计问题,为金融风险的市场化防范化解提供有力的法治保障,从而有利于构建维护国家金融安全的长效机制。

四、防范化解金融风险的重要路径

防范化解金融风险,要坚持底线思维,既强调对存量金融风险的化解处置,又关注对增量金融风险的防范。

(一)采取措施处置潜在金融风险点

准确判断风险隐患是保障金融安全的前提。"对存在的金融风险点,我们一定要胸中有数,增强风险防范意识,未雨绸缪,密切监测,准确预判,有效防范,不忽视一个风险,不放过一个隐患。"①

在准确判断金融风险的基础上,"必须标本兼治、对症下药,建立健全化解各类风险的体制机制,通过延长处理时间减少一次性风险冲击力度,如果有发生系统性风险的威胁,就要果断采取外科手术式的方法进行处理"②。具体来说,要按照"稳定大局、统筹协调、分类施策、精准拆弹"的基本方针推进工作。一要稳定大局。要在改革发展中处

---

① 习近平:金融活经济活金融稳经济稳　做好金融工作维护金融安全[N].人民日报,2017-04-27.
② 习近平.习近平谈治国理政(第二卷)[M].北京:外文出版社,2017:232.

置金融风险,"防止在处置其他领域风险过程中引发次生金融风险"①。金融体系内部层层嵌套,金融与实体经济共生共荣,在处置金融风险的过程中,必须充分考虑金融体系以及经济体系对金融风险处置的承受能力。二要统筹协调。要重视跨市场、跨机构的政策评估,重视跨部门、跨机构的政策协调与监管协调,避免单一部门政策出台对整个体系带来冲击。2017 年,我国设立国务院金融稳定发展委员会②;2023 年,我国设立中央金融委员会办公室,这是实现我国金融领域统筹协调、保障国家金融安全的重要领导机构。三要分类施策。采取差异化、个性化的办法化解不同部门、不同类型金融风险。"要以结构性去杠杆为基本思路,分部门、分债务类型提出不同要求,地方政府和企业特别是国有企业要尽快把杠杆降下来,努力实现宏观杠杆率稳定和逐步下降"③。四要精准拆弹。"要集中力量,优先处理可能威胁经济社会稳定和引发系统性风险的问题"④。当前,对于金融贪腐和金融犯罪要毫不手软坚决打击,对于情况复杂、牵扯面广的风险,要引导风险缓释、等待时机。

(二)强化金融安全保障体系

金融安全的保障,离不开强有力的金融监管。微观审慎监管制度、存款保险制度、中央银行最后贷款人制度共同构成了现代金融安全网的重要内容。

党的十八大以来,我国金融监管体制改革明显提速。在职能分工上,强调完善党中央对监管工作的领导,注重发挥中央和地方各级政

① 在高质量发展中促进共同富裕 统筹做好重大金融风险防范化解工作[N].人民日报,2021-08-18.
② 2023 年出台的《党和国家机构改革方案》将国务院金融稳定发展委员会办公室职责划入中央金融委员会办公室,不再保留国务院金融稳定发展委员会及其办事机构。
③ 习近平:加强党中央对经济工作的集中统一领导 打好决胜全面建成小康社会三大攻坚战[N].人民日报,2018-04-03.
④ 习近平:加强党中央对经济工作的集中统一领导 打好决胜全面建成小康社会三大攻坚战[N].人民日报,2018-04-03.

府的积极性,明确地方党政主要领导负责财政金融风险处置机制,不断加强中央与地方的金融监管协作。在金融监管机构的设置上,2017年设立国务院金融稳定发展委员会,2018年组建中国人民银行保险监督管理委员会,2023年组建国家金融监督管理总局,实现了从"一行三会"到"一行两会"再到"一行一总局一会"监管机构的迭代升级,金融监管的权威性和协调性日趋增强。存款保险制度是防止出现大范围银行挤兑、增强金融市场信心、保障银行体系稳定的重要基础性制度安排。我国《存款保险条例》于2015年正式施行。2022年,我国设立金融稳定保障基金,与存款保险基金、相关行业保障基金协同配合,成为保障我国金融稳定的重要手段。中央银行最后贷款人制度的功能在于当危机导致常规融资渠道失效、银行等金融机构或者金融市场陷入流动性危机时,由中央银行对其提供流动性支持。在包商银行、锦州银行、恒丰银行等中小金融机构的风险处置过程中,存款保险制度和中央银行最后贷款人制度都发挥了重要作用。但其可能引发的道德风险问题,仍是制度建设中需要进一步规范的重点。

当然,从根本上说,为实体经济服务是防范金融风险、维护国家金融安全的根本举措。要从根本上提升金融体系应对金融风险冲击的能力,引导金融服从服务于经济社会发展,避免金融脱虚向实和自我循环,从而滋生和扩散风险。要进一步深化金融供给侧结构性改革,推进金融制度型高水平开放。

第二节　浙江近年来面临的主要区域性金融风险

近年来,浙江省总体较好维护了区域金融安全。然而,区域性、局部性的金融风险仍时有发生,尤其是在浙江区域性金融改革发展持续推进的过程中,由于新兴金融创新性强、透明度低,更容易产生金融风险。因此,要高度重视防范化解各个方面的金融风险。本节重点分析浙江金融改革过程中面临的主要金融风险,并剖析风险形成的原因。

一、地方政府债务总体可控,潜在问题不容忽视

地方政府债务风险是指地方政府债务与其资产在规模和结构上不匹配,以至于地方政府的债务可持续性和经济社会的发展受到损害的一种可能性。具体来说,是指各级地方政府在组织债务借贷和偿还过程中,由于财政制度和财政手段本身的缺陷以及各种经济因素的不确定性,造成地方财政收支矛盾激化,破坏地方政府财政稳定与失衡的可能性(李萍,2009)。

从总体上看,浙江省地方政府债务多为生产性债务,有着对应的保值资产,风险总体可控,但其中存在的问题不容忽视。从融资来源看,地方政府债务融资方式多为银行贷款,债务负担过重,尤其是其短债长投的负债特征给地方政府债务埋下了巨大的隐患。从资金投向看,地方政府债务大部分投向了长期性的基础建设和公益项目,绝大多数项目周期长、效益差、存量变现能力弱,短期偿债没有收入来源,还本付息负担极重,而且大量项目需要进一步注入资金,否则就会前功尽弃。从债务偿还看,土地出让收入成为债务偿还的主要来源,浙江省土地依赖程度在全国排名前列,很大一部分地方政府债务需要土地收入来偿还。随着2021年下半年以来房地产价格普遍调整、房地产市场步入下行周期,地方政府债务风险暴露的可能性增大。

二、互联网金融风险涉及面广,隐蔽性、传染性强

互联网金融的快速发展在带来一定社会效益的同时,也逐渐暴露其风险,如P2P网贷平台出现频繁倒闭跑路事件、众筹融资显现非法集资风险、网络理财产品存在收益风险等。互联网金融市场仍然存在信息不对称和交易成本过高等诸多非有效因素,使得网络特有的安全问题与金融特有的风险问题可能相互交织、放大,并可能引发系统性

的金融风险。也就是说,在互联网金融的各个领域,不仅有着传统金融风险的新特征,还存在互联网技术衍生的更为复杂的风险。同时,现有法律没有明确互联网金融机构的定位及业务边界,这就导致互联网金融的业务活动经常突破当前的监管边界,甚至可能触及非法集资、非法经营等底线。

2018年以来,互联网涉众型金融风险在浙江逐步显现。从涉众的金融风险可以看出,行业准入门槛低、风险隐蔽性及传染性强、投资者盲从、监管缺失等都在一定程度上刺激了风险的形成。互联网金融引发的业务创新,很容易引发网络集资和诈骗。而且,互联网金融跨区域的风险输出与输入特征明显,导致风险化解与防控环节异常复杂。大多数投资者对所投项目没有清晰认知,或者认为即使发生风险政府也会兜底。从监管来看,金融监管存在明显缺失,中央部属单位拥有金融管理的事权但是鞭长莫及,地方金融办挂牌地方金融监管局后专业配备不足,而且区域协同监管不足,地方保护主义严重且信息披露不能互通有无,跨地域风险传染明显。从地方政府对互联网涉众金融风险具体的应对过程来看,存在专业人员缺乏、联动机制不足、处理过程相对被动等问题和挑战。

三、从民间借贷危机到"两链"风险、股权质押风险,民营企业债务风险时有暴露

2011年9月,"眼镜大王"胡福林跑路,引爆了温州民间借贷危机。随着浙江经济增速下滑,传统产业发展后劲不足,民间借贷风险加速暴露,引发温州大批企业倒闭、破产,银行不良资产大幅度上升。2012年以来,联保互保的贷款模式不仅没有起到风险防控的预期作用,反而进一步引发多米诺骨牌效应,浙江省大型骨干企业开始出现经营困难、破产倒闭、资金链断裂、互保链断裂等各种问题。"两链"风险圈从温州逐渐蔓延至萧山、绍兴等地,浙江省金融生态遭受极大挑战。实

际上,由于浙江许多民营经济长期处于"低、小、散"的初级产业生态,中小微企业众多,贷款缺乏抵押物,联保互保融资方式曾被视为金融机构重要的创新产品。但是,当宏观经济步入下行期,这种创新金融产品和金融模式潜在的风险便逐步暴露出来:当整个链条上某一家企业出现资金困境或贷款到期后无法进行展期,就会引发相关互保企业连带责任,导致链条上众多企业陷入"担保圈",造成担保链、资金链断裂。2018年以来,股权质押有效缓解了民营企业融资困境,但其在股票市场异常波动时可能引致的跨市场金融共振与风险传染问题也越来越突出。短期内,股权质押风险会在股市上行期有所缓解;长期看,其风险隐患犹存,尤其值得警惕的是其可能引致的跨市场异动和共振。

从企业自身看,民营企业持续盲目扩张和脱虚向实是风险发生的主要原因。2008年以来,在政府主导的应对危机的金融调整过程中,面对金融机构积极主动的贷款供给,一些企业尤其是骨干企业盲目加快自身资产负债表的扩张,并且这些企业普遍存在短债长投的问题。信贷扩张下民营企业债务的过度积累最终造成企业产能过剩,大量的信贷投入于造船、钢铁等行业。同时,由于生产成本持续上升,企业实体经济的回报率持续下降;许多企业获取信贷后,并没有将资金投入实体经济,而是进行拆借或者流入房地产业等进行炒作套利。虚拟经济的高回报率,诱使中小企业主将更多的资金由实体经济转移到虚拟经济,导致虚拟经济进入过度投融资状态,债务杠杆极高,金融风险不断累积。陷入资金链困境的企业普遍负债率过高,而且一年期内的短期流动性贷款占据绝大比重。

从金融机构看,民营企业盲目扩张和债务风险的积累,源于金融机构的顺周期性经营和不合规的风险防控管理。在货币信贷宽松、经济高速增长的情况下,金融机构过于注重追求速度和短期效益,缺乏足够的风险防控意识,积极主动提供货币信贷,并推动企业之间通过互保联保方式获取贷款,鼓励企业进行过度投资,但对互保联保的实际能力缺乏完善的调查。一旦宏观经济形势变化、货币政策出现紧缩，银行也会随之出现抽贷、限贷和压贷等非理性行为，导致一些投资周期较长的企业难以实现资金周转并陷入困境。联保制度对于解决小微企业担保难、融资难、融资贵等问题有着积极的作用，在墨西哥等国家都曾取得很大的成功。其在浙江省发展成为金融风险的隐患，重要的原因在于，金融机构在这一创新产品的具体实施过程中对于风险防控未能落实有效的制度约束。

从宏观经济形势看，2008年美国金融危机之前通货膨胀以及货币信贷政策的紧缩，促使大量民间资本用于民间借贷领域，并成为中小企业银行获取信用贷款的重要渠道。2009年下半年我国经济复苏以来，央行开始由宽松货币政策转向稳健货币政策，紧缩货币供应，加剧了市场资金紧张，严重制约了企业尤其是中小企业正常的融资需求，本来就存在融资难问题的中小企业获取银行贷款更为困难，不得不依赖于民间融资，通过高利贷获取所需资金。而且，流动性的紧缩使得民间信贷和银行信贷形成此消彼长的关系，受利润驱使，更多资金流入民间借贷领域。此外，个别人员为获取高额佣金，凭借自身优势，充当银行掮客，担当借贷双方的中间人或者担保人，使银行存款转移到担保公司等民间金融机构。

从金融体制看，在当前二元格局的金融体制下，银行信贷往往倾向于国有企业和大型企业，对中小企业的信贷支持严重不足。也就是说，银行信贷过于集中在房地产行业和地方融资平台公司，很大程度上挤压了制造业、服务业的信贷需求，金融抑制现象仍然比较严重。而且，银行业集中管理剥夺了县（市）支行信贷审批权限，进一步导致银行对县域金融支持不足。

第三节　浙江防范化解区域金融风险的地方实践

自从党的十九大把"防范化解重大风险"作为"三大攻坚战"之首以来,防范化解重大金融风险攻坚战在我国取得重要阶段性成果,系统性金融风险上升势头得到有效遏制,金融业脱实向虚、盲目扩张态势得到根本扭转,金融风险整体收敛、总体可控,金融业平稳健康发展。具体体现在:"明天系""安邦系""华信系"、海航集团等一批高风险企业集团和包商银行、锦州银行、恒丰银行等一批中小金融机构的金融风险得到有效处置;影子银行规模收缩,影子银行风险持续收敛,资管新规2022年生效;金融秩序全面清理,互联网金融、比特币等风险得以化解;股票市场大幅度波动得以控制,资本市场乱象得以整治;金融反腐和风险处置一体推进。按照国家层面"稳定大局、统筹协调、分类施策、精准拆弹"的基本方针,浙江省在经济金融改革发展过程中比较妥善地化解了各类先发早发、集中出现的金融风险。无论是地方政府债务风险还是民营企业信用风险、流动性风险等金融风险,都得到了有效缓解,P2P网络平台借贷风险也得到了有效的处理。当前,浙江省金融风险整体收敛、总体可控,区域金融安全得以有效维护。

一、浙江防范化解区域金融风险的重要举措和成效

近年来,浙江省主动果断防控重点领域金融风险,有效保障了区域金融安全,维持了良好的区域金融生态。浙江省较早推动实现了地方政府债务置换,妥善处置了互联网金融风险,有效化解了民营企业各类风险。近年来,浙江省银行业金融机构不良贷款率明显下降(见图6.2)。

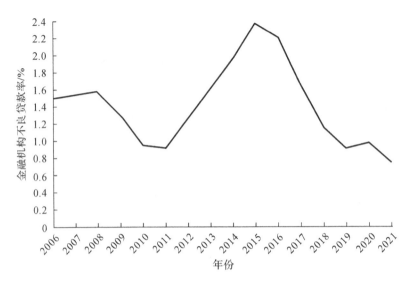

图 6.2 2006—2021 年浙江省银行业金融机构不良贷款率

数据来源:Wind 数据库。

(一)建立地方财政金融风险处置机制

浙江积极探索建立"1+8+N"地方党政主要领导负责的地方财政金融风险处置机制,并注重加强与中央金融委员会办公室地方协调机制的协作配合。其中,"1"是指浙江省委财经委员会,"8"是指防范化解地方政府隐性债务风险领导小组、金融风险化解委员会、金融突发公共事件应急联席会议、企业债务风险防范化解工作联席会议、地方法人银行风险防控处置工作机制、打击和处置非法集资工作领导小组、清理整顿各类交易场所联席会议(私募投资基金风险防范处置工作领导小组)、互联网金融风险专项整治工作领导小组(P2P 网络借贷风险应对工作领导小组),"N"是指房地产市场风险防控处置工作协调机制以及可能需要设立的其他风险处置议事协调机构。

浙江在全国率先建立"天罗地网"金融风险监测预警机制,以此强化对区域内各类金融风险的感知和预警预判;综合运用市场、法律、行政等手段,创新使用财政纾困基金、债转股等工具,发挥债权人委员会商等机制的作用,形成应对 P2P 网络借贷风险、分类处置私募投资基金风险、转型化解交易场所风险等可复制推广的地方实践经验;落细落实地方监管责任,出台《浙江省地方金融条例》,制定地方金融组织配套制度,成为全国较早具备地方金融监管法规制度保障的省份之一;统一履行对地方金融机构的监管职责,排摸出清"僵尸企业",引导地方金融机构规范健康发展。

(二)防范化解民营企业风险、中小金融机构风险、互联网金融风险等

有效化解民营企业信用风险和流动性风险。中国人民银行杭州中心支行与浙江省政府多次召开民营企业债务融资工具推介会,并成功推动民营企业债券发行;同时,由浙江省财政出资 50 亿元,组建成立省融资担保公司,为省内符合条件的企业债券和信贷融资提供担保支持;推动出险企业"瘦身"方案的实施,督促相关企业落实主体责任、降低负债水平,尽快化解风险。

有效破解上市公司股权质押平仓风险。针对浙江省有些上市公司面临的股权质押平仓风险,按照中央的要求研究制定纾解上市公司股权质押困难的行动方案,采取政府基金、私募股权基金、保险资金战略投资和财务投资等多种方式,化解股权质押平仓风险。

有效缓解中小商业银行流动性风险。针对一些前期扩张速度较快、资产质量相对较差的中小银行,浙江加强了风险监测和应对处置,保持了区域内商业银行体系的稳定。

全力处置 P2P 网络借贷风险。浙江明确"严控增量、严打违法、严控存量,强化社会稳定、强化舆情管控"的总体工作思路,压实属地责任,在全省推广"一企一案一策一专办"工作方法,实行专办实体化和领导包干制,引导投资机构无风险退出,并全力追赃挽损,P2P 网贷风险在全省得到了较好的控制和化解。

二、浙江 LH 市化解地方政府债务的典型经验

近年来,浙江省秉承"促发展与防风险并举"的债务管理理念,陆

续出台系列法规,从强化责任主体、强化公开监督、强化风险防控、规范地方债务管理机制等方面不断完善地方政府债务监管体系,债务风险得以有效防控。和其他地方类似,LH市在推动稳增长、促改革、调结构、惠民生、防风险等各项工作中,面临地方财力供给与各项支出资金需求的显著矛盾,地方政府财政压力加大,隐性债务风险增加。在此情况下,LH市深入贯彻落实党中央、国务院以及浙江省委、省政府关于防范化解重大风险的决策部署,稳步推进地方政府债务防范化解工作,变政府债务压力为加快推动经济高质量发展的动力,摒弃投资拉动经济、寅吃卯粮的粗放发展老路,逐步摸索出一条服务经济、涵养财政、促进发展、防范风险的新路子。一是深化供给侧结构性改革,提供"妈妈式""五心"服务,以高质量发展实体经济壮大政府财力。二是摸清政府家底,妥善化解隐性债务。三是加强源头管控,遏制隐性债务增长。2015—2018年,LH市地方政府债务风险得到有效防控与化解,实体经济发展势头良好,年经济增长率分别为 7.3%、8.8%、8.0%、7.0%,一般公共预算收入增长率分别为 2.0%、12.2%、19.1% 和 18.0%,实现了"促发展与防风险并举"的目标。

(一)摸清政府家底,稳妥化解存量债务

摸清政府家底。LH市逐笔查阅债务合同或协议,摸清隐性债务底数,分析评估每笔债务的法律风险、偿付风险和处置风险等,对资金、项目、贷款、利息、年限、风险点等进行综合性评估,分类细化债务信息内容,为科学制定隐性债务化解方案打好基础。

稳妥化解存量债务。LH市严格落实浙江省化解地方政府隐性债务风险专项行动实施方案,严格实行五个"10%"以上的要求,即每年安排一般公共预算支出、政府性基金预算收入、国有资本经营预算收入、政府产业基金收益和存量资金压减 10% 以上,作为化债资金。

(二)加强源头管控,遏制隐性债务

清理政府投资项目。LH市坚持"有保有压、量力而行、尽力而为"的原则,对 2018 年政府投资项目按照轻重缓急逐一清理:对浙江省委、省政府确定的重大项目予以优先保障,对城镇化建设项目按照循序渐进的原则安排,对可以暂缓实施的一般性项目进行清理压减。采取"三个一批"措施,即"整合一批""压缩一批""核减一批",对原已确定的项目,实行项目数压缩、投资额压缩。

遏制隐性债务。LH 市严格项目审核条件,完善政府投资项目审核机制,对各部门的项目按轻重缓急制定项目投资方案,经市政府同意并报财经领导小组审核,再经市人大常委会批准后方可实施。政府投资项目实行"五不立项",即未落实建设资金来源的项目、未完成化债任务的乡镇和部门的项目、负债率过高的融资平台项目、未制定资金平衡方案的项目、资金绩效评价不达标的项目,一律不予立项。政府投资项目实行"三必"保障,即对涉及党中央和国务院重大决策、重大民生工程、应急事项的项目,予以重点保障。

加强乡镇债务管理。LH 市高度重视乡镇财政体制建设,在稳妥化解乡镇政府隐性债务的同时,加大转移支付力度,遏制乡镇新增政府隐性债务。一是加大转移支付和代偿债务力度。二是从体制上进一步理顺政府间分配关系。2018 年完善市与乡镇财政体制,下发《LH 市人民政府关于调整镇(街道)财政管理体制的通知》,增加对乡镇的转移支付,为农业、农村现代化建设提供强有力资金保障。

坚持"法治为基、绩效为先"用财理念,提高财政资金使用效益。"干财政工作就像持家过日子,肯定是从紧过。"①LH 市始终坚持"依法治国""法治浙江"理念,把学习预算法落到实处,领导带头学法,并研究预算法及理财治税新理念,坚持"量入为出、量力而行",将预算法的精髓贯彻于整个财政管理工作中。

---

① 习近平:激发制度活力激活基层经验激励干部作为　扎扎实实把全面深化改革推向深入[N].人民日报,2018-07-07.

(三)推动地方融资平台转型

LH市成立国有企业实体化改革专项工作领导小组,探索厘清政府与市场的边界,通过依法注入国有经营性资产等方式,加快推动融资平台公司实体化、市场化转型。

坚持法治化市场化导向,防范化解隐性债务风险。LH市根据浙江省提出的融资平台公司转型"四条标准"(即:转型后的国有企业应具备完善的公司治理结构,并公开声明不再为政府承担融资职能;转型后的国有企业承接存量隐性债务需债权人认可,债权人不得盲目抽贷、压贷和停贷;转型后的国有企业应具备市场化的收入结构、盈利模式和投资回报机制,其经营性资产能够覆盖负债,有一定的现金流,收益能够覆盖利息;转型后的国有企业一旦破产,按照《中华人民共和国企业破产法》等执行,政府在出资范围内承担有限责任),加快融资平台公司实体化、市场化转型,依法依规承接化解债务,防范隐性债务风险。

将经营性资产依法注入融资平台公司支持其转型。LH市融资平台公司资产规模相对较小,一般为十几亿元至数十亿元,但绝大部分为可变现的经营性资产,资产质量较好。LH市将经营性资产依法注入融资平台公司,确保实现"经营性资产覆盖负债,收益覆盖利息",从而依法承接化解隐性债务,同时增强其偿付能力,为转型后的发展留足空间。

清理乡镇融资平台公司。LH市清理整合乡镇融资平台公司十余家。将资产质量好的企业整合到市级实体类国有企业;对资产质量差、管理不佳的企业,实施清算注销;对暂时难以整合的企业,责令其依法依规登记资产权益,逐步剥离政府融资职能。

(四)全面清查政府资产

LH市组织全面清查全市土地资产和行政事业单位资产,多渠道筹措化债资金。盘活闲置土地、行政事业单位空置房及养护公司等,将这些资产依法注入融资平台公司,逐步实现"经营性资产覆盖负债,收益覆盖利息"。

（五）聚焦实体经济,壮大政府财力

实体经济是税收的主要来源,是壮大财力的主渠道。LH市牢记习近平总书记"再创民营经济新辉煌"的嘱托,大力实施"产业强市"战略,聚焦产业集聚,聚力优化升级,开展龙头企业培育和"小升规"工程,民营经济得到高质量、高增速发展。2018年,LH市规上产值实现969.04亿元,同比增长12.9%,其中50强企业实现销售收入707.9亿元,同比增长13%。头门港吉利LH基地30万辆整车扩建项目提前半年达产,整体产能达到330亿元,同时吸引了16家汽车生产配套企业落户,加速形成从零配件生产到整车组装的千亿级产业链。2018年,LH市工业税收入库66.1亿元,同比增长16.3%,占全市税收收入的59.8%,贡献地方可用财力30亿元,为防范化解债务风险奠定了坚实基础。

LH市坚持"放管服"改革,坚决营造良好营商环境。市委、市政府整合政务资源、下放审批权限、简化办事流程,让居民和企业享受到政府办事"一窗受理、集成服务"。围绕"送扶持政策、送发展理念、送创新项目、服务实体经济理念",推出"一企一策一团队",上门为本地企业提供"妈妈式"服务。有的企业反映,原来成立一家进出口公司需要花30天、跑7个窗口、办11张证,现在只需跑1次,从交材料到领取"十一证合一",耗时不超过5天。目前越来越多的民营企业家准备在LH市投资办厂。

三、浙江民间金融的规范发展

在经济社会转型升级的关键时期,浙江省把民间金融的规范和引导作为金融工作的一项主要内容,研究制定民间融资具有可操作性的管理办法,探索民间融资阳光化运作方式,打击非法集资,实现由"投机"转化为"投资"、"资金"转化为"资本",扬长避短,趋利避害,充分发挥民间金融对经济的积极作用。

(一)民间金融的存在和发展有其客观必然性

民间金融的存在和发展有其客观必然性。

在理论层面,首先,由于信息不对称的存在和我国当前银行主导的金融体制,正规金融对民营经济,尤其是中小企业的信贷支持仍然有限,中小企业融资需求难以得到满足。而民间金融凭借其地理优势和信息优势,可以在很大程度上解决正规金融面临的信息不对称所带来的逆向选择和道德风险问题,为中小企业提供信贷支持,满足其融资需求。其次,从交易成本角度看,正规金融机构面向中小企业借贷的单位交易成本远高于面向国企等大型企业的交易成本。因此,基于成本考量,正规金融更加倾向于为大型企业提供信贷服务,从而减缩其面向中小企业的借贷资金,而民间金融凭借自身的地理优势和信息优势,降低了面向中小企业的贷款交易成本。最后,从金融制度变迁理论来看,民间金融的繁荣发展恰恰体现了金融制度的变迁。原有金融体制下正规金融对中小企业融资不足的缺陷,使得中小企业融资需求被迫转向体制外的非正式制度,这种非正式的金融制度实际上体现了金融制度逐渐变迁的过程,有利于更好发挥金融对经济的促进作用。

在现实层面,一方面,中小企业作为国民经济的重要组成部分,是浙江省经济发展的主力军,在当前复杂的国内外经济金融形势下,其融资难问题日益凸显,其生存和发展受到极大制约。另一方面,浙江具有丰厚的民间资本,居民个人财富相对丰富,为民间金融的发展提供了资金来源。在此情况下,民间金融在很大程度上成为正规金融的有力补充。

(二)加强对民间金融的规范监管

由于自然垄断、外部效应及信息不对称等外部失灵,民间金融资源的配置自身也无法实现帕累托最优,客观上要求通过监管来减少或者消除市场失灵。而且,民间金融中机构经营以利润最大化为目标,不断扩张其风险性业务,必然导致银行系统存在内在的不稳定性和系统性的风险。因此,如何运用金融监管有效地防范风险,引导民间金融规范发展,规避潜在的金融风险,促使其在金融体制和经济社会转型中发挥更为重要的作用,具有重要的现实意义。

浙江省着力在以下方面加强对民间金融的规范监管。一是明确民间融资服务企业监管细则。2021 年 11 月,浙江省地方金融监督管理局出台《浙江省民间融资服务企业监督管理工作指引(试行)》,这是继《浙江省地方金融条例》发布后,浙江省首次系统明确民间融资服务企业监管细则。二是规范准入行为,严把设立"门槛"。对民间融资服务企业的设立、变更和终止的条件进行规范,对民间融资服务企业的实缴资本、主要人员出资比例以及董事、监事、高级管理人员的专业能力等方面作出限制,从"硬件"和"软件"两方面严把民间融资服务企业设立"门槛"。三是明确业务规则,划定业务"禁区"。明确提出民间融资服务企业可开展的七种业务类型,强调严禁为股东及其关联方开展融资或变相融资,要求通过银行对民间资金进行第三方独立存管,并对单个借款人的借款余额设定上限。同时,强调民间融资服务企业、服务本土实体经济的初衷和定位,明确经营区域不得超出其注册地行政区域范围。四是强化监督管理,开展定期"体检",明确省、市、县三级监管部门的监管职责。由省级地方金融监督管理部门组织建设全省民间融资服务企业监管信息系统,健全监管指标体系,定期开展风险评估及预警;设区市地方金融工作部门负责建立民间融资服务企业备案信息公示制度,做好定期报告和统筹监管工作;县(市、区)地方金融工作部门建立主监管员制度,对融资服务企业开展日常监管。

四、浙江 YK 市化解"两链"风险的典型经验

作为浙江民营经济、块状经济的典型代表,YK 市努力化解民营

企业"两链"风险,银行不良贷款率大幅度下降,城市信用指数大幅度提升,地方金融生态得以恢复。

（一）YK市发生"两链"风险的背景和主要原因

2012年6月,一家健身器材公司资金链断裂老板跑路,导致互保企业受到影响,"两链"风险开始在YK市蔓延传导。一些自身经营良好的企业,受担保链、互保链牵连,流动性风险暴露,信用风险蔓延。"两链"风险的形成,有着多方面的原因。

第一,过度宽松的信贷融资环境。2008年美国金融危机发生后,YK市作为浙江最稳定的区域经济板块,因为专注制造实业得到各金融机构的高度关注,各大银行分支机构迅速涌入,商业银行信贷指标大量向YK市倾斜。在这样宽松的信贷环境下,YK市企业通过互保互联信贷模式获取大量贷款,民营企业杠杆率不断提升。在"两链"模式下,一条担保链往往涉及多家银行和企业,一损俱损。

第二,民营企业投资失误和盲目扩张。民营企业获取充裕资金后,大部分企业坚守实业主业,在周边县市扩张布局实体产业,形成了以YK市为龙头的五金产业集群。但一部分民营企业获取资金后,开始出现偏离主业、过度投资的现象,尤其是把剩余资金布局房地产、矿山、资金借贷等产业。

2012年起,随着国内国际宏观经济环境变化,国内货币信贷政策收紧,一些盲目扩张、投资房地产的企业最早开始出现流动性风险,并通过错综复杂的互保链关系蔓延、传导到原本没有资金风险的企业。同时,恶意逃废债、恶意炒作不良资产包等违法违规行为盛行,最终导致YK市爆发了有史以来最严重的"两链"问题。

（二）YK市化解"两链"风险的主要做法

面对区域金融风险的冲击,YH市地方政府从遏制增量、化解存量、注入流动性三个方面着力,快速有效化解了"两链"风险。全市贷款不良率从历史最高的5.81%稳定下降至1.6%左右,属地商业银行重获贷款审批权。

第一，积极遏制债务增量。YK市在全省率先创新推出了四色预警机制，对企业的风险进行分类分级预警，做到风险提前知晓、分级管控。出台经营性资产司法竞拍资格审核办法，明确规定"严禁企业主本人及直系亲属低价回购资产包"，从制度上彻底打消企业低价回购念头。重拳打击恶意逃废债行为，将逾期欠息一定规模以上的典型企业作为重点打击对象，从严从重从快审理。创新推出"转贷通"项目，为企业提供低成本、免担保的转贷"过桥"资金支持，解决企业转贷资金问题。

第二，妥善化解存量债务。强化银企联动，从建立主办行制度、落实延缓代偿、允许临时解封等着手，形成不良资产化解系统性方案。强化政银联动，通过创新组建资产管理公司、政策性融资担保公司、"拍贷通"等三大平台，为企业提供担保资金，全面打通不良资产处置通道。强化府院联动，通过成立全省首家金融纠纷调处中心、金融案件审理绿色通道、金融债权案件专项执行小组，快速审结金融债权案件，真正实现了对不良资产的司法高效处置。

第三，合理注入流动性。以政府性资金竞争性存放为资本，调整金融机构年度考核办法。一方面，积极引导银行加大信贷投放，发展新型抵质押贷款、贷款保证保险业务，降低互保类贷款占比。另一方面，要求各银行不得提高担保企业授信门槛、附加担保条件或压缩贷款规模，以及强行改变企业贷款形态等，有效杜绝了企业被"压贷、抽贷"，全市金融机构存款余额、贷款余额逐步开始出现正增长。

第七章　浙江进一步推动金融高质量
发展强省建设的路径选择

中央金融工作会议强调,金融是国民经济的命脉,是国家核心竞争力的重要组成部分,要加快建设金融强国,为以中国式现代化全面推进强国建设、民族复兴伟业提供有力支撑。全面建成社会主义现代化强国、实现第二个百年奋斗目标,以中国式现代化全面推进中华民族伟大复兴,客观上要求我国着力提升金融业的国际竞争力,实现由金融大国向金融强国的转变,着力提升我国在国际金融体系中的话语权,奠定中华民族伟大复兴的金融基石。党的十八大以来,党中央把马克思主义金融理论同当代中国具体实际相结合、同中华优秀传统文化相结合,努力把握新时代金融发展规律,持续推进我国金融事业实践创新、理论创新、制度创新。我国持续深化金融体制改革,积极探索中国特色金融发展之路,不断提升金融治理能力,金融机构更加多元,金融组织更加健全,金融市场更加完善,我国已经成为重要的世界金融大国。但需要清醒看到,金融领域各种矛盾和问题相互交织、相互影响,有的还很突出,经济金融风险隐患仍然较多,金融服务实体经济的质效不高,金融乱象和腐败问题屡禁不止,金融监管和治理能力较弱。要从根本上解决这些问题,必须着力推动金融高质量发展,从而实现以金融高质量发展助力强国建设、民族复兴伟业。以"八八战略"为引领,浙江干在实处、走在前列、勇立潮头,深入推进中国特色社会主义共同富裕先行和省域现代化先行,同样需要在金融高质量发展和金融强省建设中走在前列。

第一节　加快推进浙江新兴金融中心建设

新兴金融中心作为数字经济"三中心"的重要内容,其建设有助于实现传统金融与新金融的深度融合,能够为建设现代化经济体系、实现"两个高水平"奋斗目标提供坚实的金融保障。浙江需要认识到自身在新兴金融建设中存在的现实制约,以及进一步推动新兴金融中心建设的主要着力点。

一、浙江推进新兴金融中心建设存在的现实制约

(一)区域金融基础相对薄弱,区域性金融中心集聚有待强化

浙江目前缺乏大的金融集聚的辐射和溢出效应,自身尚不足以形成区域性的金融中心。从目前来看,中国区域性金融中心仍然集中在上海、北京、深圳和广州。浙江省的区域金融规模仍然相对较小。浙江省目前私募金融虽然在全国排名第四,但是从总量和规模来看仍远远落后于传统金融中心城市。同时,上海的金融发展水平在世界范围内并不十分突出,对浙江的溢出效应有限。这就意味着浙江目前还缺乏影响力特别大的区域金融中心的带动,新兴金融中心暂时不能得到强有力的牵引拉动,在一定程度上限制了浙江新兴金融中心的发展。

(二)产业基础有待强化,创业生态环境尚需完善

新兴金融中心的建设需要依托坚实的产业集聚基础。特色小镇是浙江当前产业集聚的重要依托。当前,浙江省诸多特色小镇的产业发展仍然处于初创阶段,产业的整体规模不大,产业发展的层次不是很高,产业集聚度仍然偏低,产业影响力大的企业仍然不多,这会在客观上制约金融小镇和金融中心的发展,降低新兴金融中心的发展速度

和质量。以梅山海洋金融小镇为例,其之所以在评估中降格,主要原因在于当地发展的产业基础不够扎实,海洋经济发展水平和发展规模无法带动海洋金融产业的发展。

（三）政府与市场定位仍需明晰

政府引导在新兴金融中心最初的集聚发展中扮演了极为重要的角色,充分体现了政府引导型新兴金融中心建设的发展模式与形成机制,有效实现了社会资本的集聚和新兴金融的发展。同时,值得关注的是,伴随区域内金融生态日趋成熟,在政府引导作用基础上,市场主导、企业为主的内生性发展将在未来的新兴金融中心发展中发挥更大的作用。当前,新兴金融中心的建设仍存在一些明显的问题,如政府参与的边界、政府与市场的定位等问题。伴随新兴金融中心步入新的发展阶段,必须明晰政府、市场、企业三方之间的关系,明晰发展的主动力所在。

（四）地方政府的制度供给和政策创新仍显不足,公共服务有待加强

第一,地方政府的制度供给和政策创新仍然严重不足,金融发展的生态环境尤其是制度环境仍有待优化。比如国家层面政策对区域金融发展的限制仍然较多,民营金融机构的准入门槛仍然较高,这些在很大程度上限制了区域金融发展的活力,不利于区域金融的创新和区域金融效率的提升。第二,缺乏相对完备的、成熟的金融服务公共平台。比如当前金融服务信用信息共享平台虽然普及面较广,但是仍存在明显问题,相关重要部门的有效信息并未归入统计,使得银企信息不对称现象无法消除,由此导致平台的信息功能和信息价值还没有得到有效的挖掘和拓展。第三,政府的考核机制仍然存在一定的缺陷。当前政府对金融发展的考核机制仍然片面强调发展规模,这导致其忽略了长期视角下的内生金融发展和内生竞争力培育。

二、加快推进浙江新兴金融中心建设的政策建议

(一)明确浙江新兴金融中心的定位,完善运营模式

一要明确浙江新兴金融中心建设在全国的定位,明确金融中心建设的主要优势与着力点,探索浙江新兴金融中心与上海国际金融中心发展的连接点和发展机制。在浙江内部,不同区域同样要探索差异化发展(比如在金融小镇的差异化发展中,梦想小镇重在集聚风险投资、满足初创期企业融资需求,山南基金小镇则重在集聚私募股权投资、满足成长期企业融资需求),并着力构建不同小镇之间的联结与对接机制;打造私募基金集聚中心和私募金融优质生态圈,重视引导并有效发挥上海对浙江的金融辐射与带动效应,招引上海优质金融机构和金融人才;规范发展金融科技等新型金融业态,打造杭州国际金融科技中心,鼓励区域金融大数据创新,构建区域金融大数据系统。二要逐步完善金融小镇企业主导、政府引导、市场化运作的运营模式。充分重视市场作用,强调市场化运作机制。在制度约束无法短期内突破的情况下,尽可能打造更加开放的金融园区,建设更加市场化的金融集聚平台,以开放格局和市场化机制增强金融要素流动性,推动金融要素的高效集聚,推动特色金融小镇发展实现质和量的双重提升。

(二)以钱塘江金融港湾为抓手,增强区域金融供给能力

一要高水平推进钱塘江金融港湾建设。拥江扩面提升核心区能级,推动金融特色小镇迭代发展,举办钱塘江论坛,完善金融人才高端服务体系,进一步提升港湾知名度和影响力。二要加快建设数智化金融运行体系。推动金融机构数字化改革延伸扩面、数字人民币试点增量提质,推进数字支付之省建设,拓展移动支付、数字人民币支付、生物识别支付等数字支付应用,推进杭州国际金融科技中心建设。

(三)优化调整区域金融结构,推动区域金融制度先行先试

浙江要以地方金融改革试点为突破口,在制度层面先行先试,加

快形成一批可复制推广的制度型成果,深化普惠金融、科创金融、绿色金融和开放金融改革,推进区域金融改革示范。一要总结提炼温州"两链"风险化解模式,建立区域性企业债务风险防范与处置机制。二要剖析丽水农村信用体系建设模式,构建覆盖全省的城乡信用体制,奠定金融赖以生存的信用基石。三要推广台州小微企业金融服务模式,进一步探讨民间金融正规化、阳光化机制。四要完善宁波政保合作模式,寻求保险发展内生机制。五要打造湖州、衢州绿色金融发展模式,加快推进绿色金融体制建设,助力精准扶贫与污染防治攻坚战。六要以杭州科技金融改革试点为契机,积极推进科技金融模式创新与发展。

(四)以"凤凰行动"计划为牵引,提高直接融资比重

过度依赖银行融资会导致金融风险过度集中,并且不能为企业提供除资金以外的技术、管理等其他重要战略资源。要把发展直接融资放在重要位置,上市并购是传统产业转型升级、降低杠杆率和融资成本、增强国际竞争力、提升全球价值链地位的重要路径。近年来,浙江一直走在全国上市并购前列,浙江要以"凤凰行动"计划为牵引,进一步提高直接融资比重,优化区域金融供给结构。一要进一步完善区域多层次资本市场,理顺企业上市成长路径,建立有梯队的上市工作机制。二要积极推进白沙泉并购金融街区建设,发挥中国并购公会浙江分会等平台的作用,构建并购产业链和并购生态圈,并在后续建立与绍兴、台州等境外并购产业园的对接机制。三要充分尊重企业主体地位和主体权利,在各地推动落实"凤凰行动"计划的过程中,应由企业根据自身业务经营与财务状况等理性融资,政府切不可过度助推,以防企业盲目扩张。

(五)扩大区域金融高水平双向开放

浙江以国际金融战略枢纽为目标,提升区域金融开放水平。中国开放的大门不会关闭,只会越开越大。金融服务业的开放将是重头

戏,而人民币国际化是中国金融发展的根本保障与战略目标。浙江应当主动探索金融业的对外开放,推动人民币跨境使用,率先打造国际金融战略枢纽,构筑区域金融开放发展的先发优势。一要以义乌国际贸易配套金融专项改革和温州金融综合改革试验区为契机,创新推广人民币跨境使用,探索资本账户下民间资本"走出去"和外资"引进来"的新路径,深化金融支持浙商境内外双循环一体化行动,推动汇率避险、合格境外有限合伙人(QFLP)试点等提质扩面。二要依托中国(浙江)自由贸易试验区,打造具有全球影响力的大宗商品交易平台,推进与上海期货交易所的战略合作,推动大宗商品交易中的人民币计价、结算,开展大宗商品交易期现一体化改革,推动长三角期现一体化油气交易市场纵深发展。三要借助全球私募基金西湖峰会、全球金融科技创新博览会、亚太资产管理高峰论坛等,探寻金融合作的民间窗口与民间动源。四要借助金融科技公司的全球化拓展,进一步提升浙江金融科技服务的国际竞争力。

第二节　以市场化改革更好发展数字普惠金融

　　浙江高质量发展建设共同富裕示范区离不开数字普惠金融的高质量发展。数字普惠金融能够在一定程度上弥补传统普惠金融的发展短板,从根本上化解信息不可得、信息不对称、信息不被用等问题,有效提高金融服务的覆盖率、可得性和满意度,为更广泛的社会弱势群体提供金融服务和金融产品,从而有助于提升金融包容性和改善社会福祉,是推动浙江共同富裕示范区建设的重要抓手。数字普惠金融为普惠金融传统难题提供了全新的充满潜力的解决方案,成为推动共同富裕的重要抓手,但在实践中仍存在不少悬而未决的问题。2016年9月,G20杭州峰会发布《二十国集团数字普惠金融高级原则》,达成全球关于数字普惠金融发展的普遍共识。近年来,浙江数字普惠金融的发展一直走在国际前列。根据北京大学数字金融研究中心编制的数字普惠金融指数,浙江数字普惠金融指数从 2011 年的 77 增长到 2020 年的 407,实现了跨越式发展。数字普惠金融在助力乡村振兴、缓解小微企业融资困境、缩小城乡收入差距等方面都发挥了重要作用。

一、数字普惠金融是推动共同富裕的重要抓手

(一)共同富裕是社会主义的本质要求

早在"一五"计划期间,毛泽东就提出,要在实行农业合作化的过程中,消灭富农经济和个体经济制度,使全体农村人民共同富裕起来。1985 年,邓小平同志提出,要让一部分人先富起来,先富带动后富,最终实现共同富裕。党的十八大以来,习近平总书记多次强调全体人民共同富裕。根据国际货币基金组织的统计数据,2020 年,中国 GDP 占世界 GDP 比重稳步上升至 16%,对世界经济贡献位居世界第一,经济总量位居世界第二。2020 年,脱贫攻坚战在我国取得全面胜利,全面建成小康社会的目标得以顺利实现,进一步为共同富裕在我国的实现奠定了坚实的基础。共同富裕是社会主义的本质要求,是中国式现代化的重要特征。

(二)数字普惠金融是普惠金融跨越式发展的重要形态

党的十八届三中全会以来,普惠金融在我国得到有力推进。2015 年的政府工作报告强调,要大力发展普惠金融,让所有的市场主体都能分享金融服务的雨露甘霖。2020 年,《推进普惠金融发展规划(2016—2020 年)》如期收官,我国基本构建了与全面建成小康社会相适应的普惠金融服务体系,我国普惠金融服务的重心进一步下沉,普惠金融产品的创新更加活跃,普惠金融基础设施更加健全,普惠金融供需对接更加有效。

数字普惠金融已成为普惠金融跨越式发展的重要形态。事实上,

我国普惠金融的发展,离不开信息技术的推动。可以说,以互联网和大数据为代表的信息技术的发展,为解决传统普惠金融难题提供了全新的解决方案,深刻改变了普惠金融的发展形态;信息技术与普惠金融的深度融合推动了数字普惠金融的快速发展,实现了普惠金融从传统形态向数字形态的跨越式发展。

(三)共同富裕在我国的实现,离不开数字普惠金融的持续健康发展

当前,我国发展不平衡不充分的问题仍然存在,缩小地区差距、城乡差距和收入差距是实现共同富裕的重要内容。数字普惠金融能够配合国家宏观战略更好地解决收入差距问题。根据腾讯发展研究院编制的《数字中国指数报告(2020)》,中国数字经济产业增加值2020年占GDP的比值达到7.8%。数字普惠金融能够为乡村振兴提供有力的金融支持。2021年中央一号文件首次提出大力发展农村数字普惠金融。数字技术的推广,能够有效扩大普惠金融的覆盖面。数字普惠金融能够有效解决小微企业融资难融资贵的历史困境和现实难题。当前,全面落实2021年中央经济工作会议,落实好"六稳""六保"工作,必须着力解决小微企业面临的融资困境,强化对其金融支持。数字普惠金融通过信息技术对小微企业数据进行有效加工、跟踪和处理,能够较好解决信息不对称问题,提高小微企业获得贷款的可能性,降低小微企业获取贷款的成本。

二、浙江在数字普惠金融发展中存在的客观问题

(一)数字普惠金融发展的内在局限性

数字金融发展可能存在结构性或一致性问题,即数字金融让能够接触到互联网或智能手机的弱势群体获得更多机会。但是,接触互联网或者智能手机较少的群体,其金融意识并未被有效激发,甚至可能因数字普惠金融而愈加贫困,这就在根本上背离了共同富裕的国家目

标。因此,要特别警惕数字普惠金融发展可能带来的新的金融排斥问题。

(二)金融标准化建设有待加强

当前,数字普惠金融领域提供金融服务的机构众多、产品丰富,但在服务标准、渠道、质量等方面存在较大差异。同时,技术创新在一定程度上改变了数字普惠金融的服务模式,进一步扩大了服务标准、渠道和质量的差异。目前,我国还缺乏针对数字普惠金融服务的统一标准,特别是在技术层面,专业化的数字金融技术应用审核和验证体系仍然存在不足。

(三)客户隐私权保护和信息安全有待加强

近年来,数字普惠金融环境中的技术、服务、供应商、销售渠道快速革新,个人数据处理的速度大幅度提升,个人数据处理的数量和种类大幅度增加。这在提升消费者金融服务可获得性的同时,也带来了不少风险,消费者个人数据隐私保护等问题日益突出。数字普惠金融的服务对象多为农民、城市低收入人群、贫困人群、老年人等缺乏金融知识的特殊群体,其金融权益保护意识薄弱,从而为不法分子实施犯罪提供了条件。虽然我国监管政策不断完善,但我国数字普惠金融领域的隐私保护在法律体系、技术设施、数字技术等方面仍面临较大的挑战。

三、基于全国统一大市场推动浙江数字普惠金融发展

党的二十大报告中明确提出,要构建全国统一大市场,深化要素市场化改革,建设高标准市场体系。2023 年,习近平总书记在中共中央政治局第二次集体学习时强调,要"深化要素市场化改革,建设高标准市场体系,加快构建全国统一大市场"[①]。发挥浙江的体制机制优

[①]　加快构建新发展格局　增强发展的安全性主动权[N].人民日报,2023-02-02.

势,大力推动以公有制为主体的多种所有制经济共同发展,完善社会主义市场经济体制,是"八八战略"的第一条"优势—举措"。第一条体制机制的"优势—举措"提出了三个具体方面的内容:坚持"两个毫不动摇",推动国有经济不断发展壮大,推动民营经济不断上规模、上水平;深化市场取向改革,健全完善市场体系,充分发挥市场在资源配置中的基础性作用;创造各种条件,放手让一切劳动、知识、技术、管理和资本的活力竞相迸发,让一切创造社会财富的源泉充分涌流。浙江省体制机制优势的突出表现,一是民营先发,二是市场先发。要素市场化改革是"八八战略"经济体制改革的重要内容之一,也是新时代新征程浙江贯彻落实"八八战略"、争创高水平社会主义市场经济体制先发优势的重要内容。

资本配置的市场化是要素市场化的重要内容。习近平总书记强调:"在社会主义市场经济体制下,资本是带动各类生产要素集聚配置的重要纽带,是促进社会生产力发展的重要力量,要发挥资本促进社会生产力发展的积极作用。同时,必须认识到,资本具有逐利本性,如不加以规范和约束,就会给经济社会发展带来不可估量的危害。我们要立足新发展阶段、贯彻新发展理念、构建新发展格局、推动高质量发展,正确处理不同形态资本之间的关系,在性质上要区分,在定位上要明确,规范和引导各类资本健康发展。"[①]发展数字普惠金融,是推动资本要素市场化配置的重要路径。

(一)以更高水平发展数字普惠金融需要打造开放型金融生态

改革开放以来,我国以银行为主的外植性金融体系作用巨大,但其在推动金融普惠性方面的短板逐步显现。打造开放型金融生态,通过场景建设推动数字普惠金融发展,有利于构建内生性金融体系,从

---

① 依法规范和引导我国资本健康发展 发挥资本作为重要生产要素的积极作用[N].人民日报,2022-05-01.

根本上解决弱势群体融资困境。要加强开放型线上线下平台场景建设,连接消费者、企事业单位、金融机构、互联网平台、地方政府等各种经济主体,搭建全方位、实时性商业生态圈,实现金融无感化嵌入经济场景,提高金融服务和金融产品的实时可得性。要提升金融机构的场景化服务能力,实现客户精准定位与分层管理,推动金融供给与金融需求个性化、精准化对接,从而提升对传统弱势群体的金融服务能力。在农村数字普惠金融的推动过程中,存在明显的城乡"三重鸿沟",体现在农村数字技术设施建设明显滞后、农村金融生态环境建设滞后、城乡金融教育水平差距加大等方面。因此,针对数字普惠金融对数字基础设施和消费者认知能力等提出的更高要求,需要教育系统、科技系统和金融系统协同推动满足,从而实现数字普惠金融良性持续发展。

（二）以更高水平发展数字普惠金融需要创新发展产业数字普惠金融

产业数字普惠金融面向中小微企业主体,是改善小微企业金融服务的重要手段,是未来数字普惠金融发展的蓝海所在。实体经济是根本,中小微企业自身的数字化水平建设是推动产业数字普惠金融发展的根基所在。要引导中小微企业实现全流程数字化转型,提高中小微企业信息和数据采集率,从而建立中小微企业数字金融服务的应用生态和数据基础。供应链金融是解决中小微企业融资难题、发展产业数字普惠金融的重要途径,要探索全产业链融资体系和风控体系,提升对中小微企业的金融服务覆盖率。针对中小微企业应收账款回款周期长、信贷资金利用率低等问题,可尝试构建供应链应收账款平台,探索企业间应收账款智能清算,提高弱势群体信贷资金使用效率。

（三）以更高水平发展数字普惠金融需要推动数字技术持续创新

数字技术和金融科技是数字普惠金融发展最重要的技术要素,能够显著降低普惠金融交易成本、提升普惠金融的风险防控能力,是推动数字普惠金融发展的动力源泉和关键突破口。要推动区块链、人工智能、物联网和计算等关键基础技术研发,重视核心技术与瓶颈技术攻关。要加快关键技术的产业化应用,推动关键技术创新链和产业链对接,避免金融科技空转,以及大量机构的重复性研发投入。要改造金融机构的底层技术架构、业务流程和组织模式,深化金融机构数字化转型。要着重推进数字技术与普惠金融业务融合发展,为用户、服务和运营、场景等提供全方位的技术支撑。

(四)以更高水平发展数字普惠金融需要加强金融数据治理

数据是数字普惠金融最重要的新型生产要素。要重视数据标准化建设,推动对元数据的有效管理,实现数据的透明性和可追溯性。要在隐私保护基础上,搭建统一的数据共享平台,整合金融监管部门和行政管理部门数据,加大金融机构与互联网平台数据的开放共享力度。要探索数据产权明晰,探索数据质量评估,推进数据公开交易,打造区域数据交易平台。要创新数据使用,充分挖掘数据价值,研究各类数据与金融服务产品的内在相关性。要加强算法模型治理,打破数据算法黑匣子,探索开展数据和模型算法审计工作。要强化数据安全意识,合法合规进行数据采集,避免过度采集和数据滥用,注重客户隐私权保护。要树立数据主权竞争意识,把数据安全纳入网络安全审查范围,确保国家数据主权安全。

(五)以更高水平发展数字普惠金融需要构建适当的金融审慎监管机制

防范金融风险是数字普惠金融发展的底线。数字普惠金融没有改变金融本质,但改变了传统金融风险特征,很大程度上强化了其传染性和叠加效应,对金融监管和风险管控提出了更高要求。要充分借鉴前期互联网金融风险专项整治的经验教训,构建适用于数字普惠金融的数字化监管规则和体系。要实时关注数字普惠金融服务和产品创新,推动监管规则即时调整。要建立动态化的审慎监管机制,实现贷前贷后全流程、穿透式风控。要实现宏观审慎监管和微观审慎监管相结合,功能监管与机构监管相协调,全方位破解普惠金融服务中的风控难题。要把握对创新的容忍度,让监管更有力度、体现温度,避免一刀切式的零包容监管。要建立包容性的监管理念,将差异化监管和统一性监管相结合,加强监管能力。要完善数据共享协同机制,坚守数据安全,防范数据风险。要建立数字普惠金融风险预警机制,加强数字普惠金融的金融风险对策研究。

第三节　积极发展科技金融服务体系

从总体上看,浙江省已经初步形成了支撑科技型中小企业融资的科技金融体系,金融体系相对健全,区内科技资源和金融资源呈现一定的集聚态势。近年来,各级政府相继出台有关科技金融的系列政策,搭建线上线下科技金融服务平台,改变传统财政投入方式,一定程度上解决了部分科技型企业的融资难问题。这些政策包括:设置专营科技支行,成立科技小额贷款公司等新型金融机构,创新特色科技信贷金融产品,加大对科技型企业在间接融资方面的信贷支持;引导相关科技型企业逐步开展股份制改造、建立现代企业制度,扶持更多企业在各级资本市场上市,推动发行企业债券;等等。然而,根据相关调研访谈,目前不少科技型企业仍然面临着或多或少的资金困境,尤其是对于处于种子期和初创期的企业而言,资金问题成为其进一步发展的重要瓶颈。

一、科技型中小企业的融资现状

（一）资金短缺仍然是科技型企业发展面临的重要瓶颈

根据本书课题组在浙江省某地级市科技型企业的实地调研,处于种子期、初创期的企业,往往很难从外部获得资金支持,融资难问题非常突出,甚至在很大程度上制约了企业科技成果的转化。如某激光公司、某服务器公司,在公司成立之初、小批量生产试制过程中,都面临较大的资金问题。

(二)以银行信贷为主的间接融资渠道仍不顺畅

根据实地调研情况,目前科技型企业所获得的外部资金支持,绝大多数是基于科技银行提供的科技贷款。也就是说,间接融资仍然是科技型企业获取资金的最重要方式。而在科技银行提供给科技型企业的贷款中,绝大多数是保证担保贷款,较少是质押贷款或者抵押贷款。这是因为,一方面,大多数科技型企业在成立初期缺少厂房设备等固定资产充当抵押物,无法以此获取抵押担保贷款;另一方面,知识产权的流转性不够、应收账单相对缺乏等,导致质押贷款比重并不高。

(三)通过直接融资渠道获取资金的科技型企业占比仍不高

尽管政府出台相关政策推动企业股改、挂牌上市,然而从目前看,挂牌上市的企业数量有限,通过发行企业私募债融资的企业占比也不高。

二、浙江科技型企业融资难的原因分析

科技型企业自身的融资需求难以得到满足,其中既有科技型企业自身的原因,又有科技金融机构、金融市场及科技政策服务方面的原因。

(一)企业层面的融资难原因分析

第一,科技型中小企业普遍经营风险大。相较于一般的工商企业,科技型中小企业在经营过程中面临的风险更大。大多数科技型中小企业以技术作为企业的核心竞争力,无形资产占比高,技术风险较大;同时,科技更新速度快,科技产品或服务的生命周期较短,市场风

险比较大。此外,科技型中小企业也存在较大的经营风险和财务风险。而且,科技型中小企业通常规模较小,风险抵御能力不强。因此,高风险的科技型中小企业很难获得以安全性为第一经营原则的商业银行提供的科技贷款。

第二,科技型中小企业信用等级普遍偏低,且缺乏可抵押的固定资产。科技型中小企业的信用等级普遍偏低,在信息不对称及其可能导致较为严重的逆向选择和道德风险问题的情况下,贷款银行通常会附加一些非价格条件,如要求贷款人提供抵押。但科技型中小企业通常规模较小,无形资产占比高,可以抵押的实物资产不足,从而难以获得银行的抵押贷款。

第三,科技型中小企业的财务体系普遍不完善。健全的财务体系是企业获得银行贷款的必要条件之一。然而,大多数科技型企业组织结构简单,管理不规范,尚未建立健全的财务制度,这使银行在针对这类企业发放贷款时会更加谨慎,增加更多的限制条款。

第四,民间资本进入科技型企业的积极性不高。很大一部分投资人都存在"短、平、快"的经营理念,而高科技企业研发周期长,投入资本后投资人由于自身专业知识限制无法参与企业管理。因此,民间资本对于进入科研型企业非常谨慎,积极性不高。

(二)金融机构和金融市场层面的融资难原因分析

第一,传统金融机构无法为科技型企业提供充裕的资金支持。一般来说,传统商业银行及小贷公司等为科技型企业提供融资支持的积极性不高,而专营性科技银行的数量有限,能够创新的金融工具不足。这主要归因于两个方面。一方面,传统金融机构为科技型企业提供贷款的积极性不高。银行贷款作为债务资本,虽然承担了对科技型企业贷款的高成本和高风险,但是无法分享企业成长所带来的高收益,这在很大程度上降低了银行对科技型企业贷款的积极性。另一方面,银行缺乏针对科技贷款的资信评估体系和风险防范能力。与传统的资信评估体系相比,在向科技型中小企业提供贷款时,需要综合考虑管理层的经营能力和诚信程度,考察企业拥有的专利技术以及企业所处行业的发展前景。但到目前为止,相关的科学的资信评价体系尚未建立。因此,商业银行对科技型企业贷款的风险防控能力相对较弱。

第二,资本市场对科技型中小企业的要求高。股票市场、债券市场的门槛高,对企业要求高。对于风险大的科技型企业来说,获得上市、发债资格非常困难。

(三)政策服务层面的融资难原因分析

地方科技金融政策宣传不到位、相关配套政策落实不到位等,都会给企业融资带来影响。很多科技型中小企业对相关科技金融支持政策不熟悉,如科技贴息贷款等政策。此外,部分技术激励政策如创业人才技术奖励尚未全面落实。从财税扶持政策来看,由于纳税申报涉及的手续烦琐,周期过长,不少企业放弃了税收优惠。

三、浙江省科技金融发展的路径建议

随着国家创新驱动发展战略的深入实施和大众创业、万众创新政策的持续推进,浙江省可以在现有科技金融实践的基础上,基于科技产业发展现状和未来规划,借鉴国内外科技金融成熟的经验案例,进一步构建包括"直接融资、间接融资、服务引导、政策监管"在内的较为完整的"四位一体"的科技金融综合创新体系,推动浙江从目前政府主导的科技金融模式逐步向政府引导、市场主导的科技金融模式转变。要进一步推动财政投入方式转变,重视通过财政资金杠杆撬动更多社会资本;要充分注重发挥科技贷款和科技创投在科技金融发展中的助推器作用;要同步推进科技担保体系、科技保险体系的建设发展,完善政府支持体系平台,跟进中介服务体系的建设,实现科技与金融两大要素的良性互动。

（一）推动财政投入方式的转变和财政投入效率的提升

进一步推动财政投入方式的调整和变革,通过改变投入方式实现政企双赢,并着力完善财政资金的绩效管理、风险防控与退出机制。一方面,通过"拨改投"的投入方式,减轻财政资金的负担,实现财政资金的保值增值、循环使用和滚动支持,提高财政资金使用效率。另一方面,以财政投入撬动社会资本,通过"四两拨千斤"模式充分发挥政府投入资金的引导效应和杠杆效应,高杠杆吸引社会资本投入创业创新企业。在财政资金投入的绩效管理和风险管控上,引入专业化的第三方评估机构,实现专业问题由市场解决,并明晰财政资金的退出方式和退出时机。要进一步推动贷款贴息、引导基金、科技保险等财政资金多元化投入,实现无偿投入与有偿投入相结合、事前投入与事后投入相补充。

（二）引导构建覆盖企业生命周期的全链条科技金融服务链

根据创新型企业的成长规律,针对处于种子期、初创期、成长期、成熟期等不同发展阶段的企业的融资需求,构建多层次、多元化的全链条科技金融体系,覆盖创新型企业成长的整个生命周期,以科技金融协同发展、创新发展助力科技型企业。重视不同类型金融机构的协同效应,试点科技型企业信贷债转股、供应链融资、组合担保贷款、集合债券和集合票据等新兴融资途径。

第一,注重发挥科技贷款和科技创投在科技金融发展中的助推器作用。鼓励和支持更多金融机构设立专营性分支机构,积极开发普惠性科技金融产品。要重视提供更为灵活的知识产权质押担保。当前科技型企业知识产权融资仍然有着较大的瓶颈,很大程度上制约了企业科研成果的转化和企业的成长。要借鉴国内外成熟的经验,进一步推进知识产权服务专业机构建设,探索知识产权证券化等知识产权金融服务产品创新,探索投贷联动、投保联动、投债联动等知识产权金融服务模式创新,发展知识产权评估、知识产权信用担保等知识产权金

167

融服务支持体系。逐步构建"评保贷投易"五位一体的完善知识产权金融服务体系,为科技型企业提供全方位的知识产权金融支持。

第二,重视创投机构对创业企业的支持。天使投资是种子期、初创期企业融资的重要渠道之一。在美国,天使投资约为风险投资资金的两倍。硅谷的成功经验之一,就是拥有一批活跃的天使投资人。浙江省经济以民营经济发达、民间资本充裕为特点,具备发展天使投资的优良条件。因此,相关部门可以推动出台相关政策,搭建相关平台,设立引导基金,鼓励民间资本进入天使投资领域。

第三,推动"浙科贷""创新保"等科技金融产品创新,加大对科技型企业的支持力度。引导银行机构积极探索合作模式,与创投机构和科技创新基金等强化合作,通过联动出资、基金托管、投贷联动等方式,加大对科技型企业的融资支持。支持政府部门与银行机构、保险机构、融资担保机构加强合作,创新"政银保担"合作产品,充分调动金融机构服务科技型企业的积极性,降低科技型企业融资成本。

（三）完善政府相关政策与监管体系

金融政策要根据科技型企业的发展阶段,因时因势做出相应调整,从而更好地满足企业在不同阶段的融资需求。伴随创新驱动国家战略的推进,不少省市相继出台一揽子综合性的科技金融支持政策,为浙江全面实施创新提供有效的金融支持。未来应该组合银行、证券、保险、基金、信托、租赁、天使投资、创业投资、股权投资、担保等各类机构,创新融资方式和服务模式,形成满足不同类型、不同成长阶段科技型企业的金融服务联盟。

科技金融创新涉及银行、证券、保险、担保、风险投资、债券、小额贷款、科技创新等诸多方面,是一个复杂的系统工程,很难仅依靠一个部门或少数人进行探索创新。要加强组织保障和统筹协调,建立多部门参加的协调推进工作机制,多方联动推进科技金融发展。加强检察监督,建立健全考核指标体系。在风险可控、依法合规条件下,鼓励区域内部分地区先行先试,开展试点示范,并形成可复制推广的经验。

(四)完善创新"评保贷投易"五位一体的知识产权金融服务体系

第一,设立专业的知识产权评估机构,规范知识产权及企业投资价值评估。在知识产权价值评估指标体系的构建中,要从法律价值、技术价值、经济价值等多个方面,综合进行知识产权价值的评估。中国技术交易所联合国家知识产权局于 2012 年底推出全球首个"专利价值分析指标体系",可为科技型企业提供知识产权价值评估和投资价值判断。

第二,加强金融机构与知识产权相关机构合作,创新推动知识产权多元化质押融资模式。在目前以捆绑质押融资模式为主的情况下,应进一步创新发展直接质押融资模式和反担保质押融资模式等多种质押融资模式。

第三,完善知识产权融资担保,进一步完善知识产权质押融资的风险分担机制。除了银行在具体授信过程做好信用风险防范,还要重视通过第三方担保机构的参与,缓释金融风险。将原本由银行等机构承担的风险分一部分给担保机构,能够在一定程度上提高银行参与知识产权融资的积极性。要重视财政资金在建立知识产权质押融资的风险分担机制中的作用,建立"政府+担保机构+银行"的多方合作参与风险分散机制。

第四,探索知识产权证券化,发展股权投资,探索知识产权资本化新模式。要尝试将知识产权出资与地区招商引资工作联系起来,积极引进跨地区的知识产权项目,对于已经完成的出资比例高、金额大的知识产权项目要加强跟踪和保护。

第五,完善知识产权交易,积极发挥知识产权质押处置平台的作用。要丰富知识产权交易的方式和类别,在普通的现货交易之外,鼓励发展知识产权期货交易、期权交易和信用交易等新型的知识产权交易方式,推动网上交易平台和网下交易平台相结合。

第四节　更好发挥地方政府在区域金融
发展中的作用

在浙江区域金融改革发展的过程中,政府扮演了极为重要的角色。市场失灵使得地方政府干预成为必然,而发展中国家还需要解决另一个重要问题,那就是如何把握干预的界限和力度。地方政府应当摒弃金融工具论和金融风险论的传统观点,吸收金融资源论和金融功能论的观点,以中国特色金融发展的相关理论为指导,通过强制性和非强制性的金融制度变迁,持续推动完善金融体系的整体功能,实现金融要素的市场化配置。

一、准确把握地方政府的金融市场干预界限和原则

从政府层面来看,要着力做好服务型政府,重视为金融发展和金融集聚提供良好的硬件环境、政策配套和行政服务配套,确保不越位、不缺位;同时,要重视区域性金融风险的防范化解,确保区域性的金融安全,从而为区域金融整体功能的发挥创建良好的金融生态环境。

（一）由政府主导金融发展向政府引导金融发展转变

改革开放以来,"简政放权""松绑让利"是政府职能转变的重要内容,但实际上在"政治人"和"经济人"双重属性框架下,地方政府的利益持续增加,地方政府支配资源的能力相应地不断提升。地方政府过多介入竞争性领域,大量"越位",导致地方金融部门的资本配置效率大大降低。更好发挥区域金融发展中的地方政府作用,需要实现由政府主导金融发展向政府引导金融发展转变,地方政府职能由直接从事经济金融活动向提供公共服务转变,逐步实现由"管制型"政府向"服

务型"政府的转变。随着市场化进程的加快,地方政府有必要将工作重点转移到协调和服务金融体系上来,地方政府在区域金融中的行为,应当从攫取金融资源转移到弥补市场基础不足、维持金融稳定上。地方政府的协调服务包括促进政府、金融监管部门和金融机构之间的沟通,建立信息交流平台和机制,包括出台支持金融机构更好发展的支持性政策,更重要的是改善区域金融生态的整体环境,为金融体系的发展创造外部条件。

具体来说,地方政府不应只关注金融资源控制带来的直接成本和收益的比较,而应从理解现代金融的巨大外部性出发,从整体上考虑地方政府的成本和收益,从而改变政府的行为,促进金融市场的发展,并在条件允许时选择合适的时机逐步退出某些领域。同时,转轨过程中,各项制度安排的相互摩擦和碰撞不可避免。在未来的财政体制改革、政绩考核体制改革及金融体制改革中,如果能将三者纳入一个统一的框架,无疑有助于降低制度转型过程中的"摩擦成本",更好地发挥地方政府在区域金融发展中的作用。此外,地方政府参与区域金融发展的正负效应是并存的,不同经济发展阶段正负效应的此消彼长反映了地方政府成本收益的变化,因此地方政府的作用和职能界定并非一成不变,应视不同发展阶段进行动态调整。

(二)进一步完善地方政府金融管理体制

随着全国性和区域性金融改革的推进,长期以来我国实行的中央集中垂直、地方辅助配合金融监管体制逐渐显示出滞后性,中央与地方在监管权责上存在明显的不明确、不对称和不对等,监管重复与监管空缺同时存在。"十二五"规划首次明确提出,要完善地方政府金融管理体制,强化地方政府对地方中小金融机构的风险处置责任。

当前,地方政府金融管理体制的构建和完善仍处于探索初期。要明确界定中央与地方政府的金融管理权限,明确地方政府金融管理的行为边界,规范地方金融管理部门的职能责任和权限并不断提高其专业化水平,规范地方金融机构的进入和退出机制。同时,要高度重视区域金融安全的维护,防范区域金融风险。要建立大金融稳定发展协调机制,处理好地方政府与金融专业监管部门的关系,促使银行、保险等相关金融中介机构完善行业自律管理组织。以此为基础,构建区域大金融稳定和发展联席会议机制,加强地方政府与金融专业监管部门的信息交换与沟通交流,促进建立金融风险监测和预警机制,协调相关机构共同应对区域金融运行中存在的潜在风险和问题。在推动金融科技发展的同时,必须加强对相关新型金融风险的监管,守住区域性金融风险的底线,引导行业实现阳光化、制度化和规范化发展。要注重完善整个金融科技行业的自律体系,建设安全可靠的信息科技和信用体系,构建合理有效的合作监管体系,健全相关的法律法规体系。

要推动地方政府财政融资渠道市场化,切实守牢财政安全底线。分税制体制下地方政府长期陷入财政困境,财权、事权严重不匹配,这是地方政府过度干预区域金融资源的重要经济动因。在现有财政体制下,地方政府直接发放地方政府债券有益于实现地方政府融资的市场化,使地方政府摆脱过度依赖银行贷款的融资渠道,进而避免地方政府实施过度的金融干预。但在当前的条件下,必须认识到地方政府发行债券还存在诸多制度性缺失和障碍,现阶段必须重点关注地方融资平台,为地方融资平台的正常融资提供通道并规范其发展,防范可能形成的区域财政金融风险。在构建现代财政制度方面,要推动全面实施预算绩效管理改革,系统重构全面预算绩效管理体系。重构乡镇财政管理体系,加强乡镇财政资金管理,着力防范乡镇财政管理风险。

(三)完善金融服务信用信息共享平台,破解小微企业融资困境

金融服务信用信息平台可持续运营,仍存在两个关键问题。一是平台信息采集不够完备和系统。一些重要部门和有效信息未归入统计,导致银企信息不对称仍无法消除,无法发挥平台功能。二是平台

的信息功能和信息价值未被有效挖掘和拓展。平台对自身功能缺乏精准定位,缺乏对信息的再加工与再利用,不重视信息增值与功能拓展,沦为庞杂无章的数据存储仓库。

1. 加强政府对平台建设的引导,营造良好金融生态

平台建设涉及部门众多,协调实现信息采集与共享,离不开政府部门的协调与引导。一是要明确信用信息公开共享的法律与制度规范,减少信息采集过程中的部门阻力。二是要重视信用信息标准化的制定与建设,避免由于行业、部门的信息差异影响信息的整合与深度挖掘。三是要引导构建良好的金融生态环境,避免金融行为中的过度行政干预,充分尊重金融主体和民营企业的自主创新精神。

2. 构建平台立体式大数据网络,实施结构化数据管理

数据已经成为国家基础性资源,也是金融服务信息信用共享平台的底层支柱。完善金融服务信用信息共享平台,一是要实现平台信息全覆盖,涵盖金融、法院、公安、地税、社保、国土、环保、建设、国税、市场监管、质监、电力、水务等相关部门。二是要建立成员单位间的联席会议制度和通报制度,定期分析和督查信息采集、更新情况。三是要在对数据进行分项分类管理的基础上,积极推进结构化数据存储和结构化数据管理,重视开发行为数据和过程数据等,从而提高平台信息的科学有效性,拓宽平台数据的可应用性。同时,需要注意的是,金融服务信用信息数据关系商业机密、公民隐私和国家安全等,平台要逐步强化网络安全,建立严格的政府授权与准入制度,建立信息查询、数据报送、异议处理等信息安全保障制度。

3. 强化平台风险预警评估功能,增强银行风险防控能力

防控金融风险是当前金融工作的重要内容。要重视并强化平台的风险预警和诊断功能,设计针对民营小微企业的风险评分卡及评分策略,设置贷款风险波动提示与预警提示,为银行与金融机构进行风险筛选与风险跟踪提供重要依据。具体来说,要在高端数据挖掘的基础上,持续跟踪企业生产经营情况,及时发现和识别小微企业风险变化,解决小微企业财务数据不完善的问题,从而提升小微企业贷款的后期管理能力,增强对贷款风险的控制能力,提高对小微企业的精准化服务水平。

4. 拓展平台信息开放共享功能,推动民企融资方式创新

信用信息共享平台着重解决的是银企信息不对称问题。但是,针对小微企业自身存在的管理经验薄弱,技术、市场面临较大不确定性,难以提供合格抵质押和担保物等客观约束,应同时逐步拓宽小微企业的融资担保渠道。一是设置小微企业信用保证基金,为小微企业融资提供风险分担。二是探索"税源贷""税信贷"等"银税互动"服务,将企业纳税信用、涉税数据等信息与金融服务挂钩。三是实施信用联合奖惩,让守信者处处受益,失信者处处受限。

二、持续优化区域金融生态环境

在推动浙江金融高质量发展的过程中,尤其要重视风险防范,要始终贯彻宏观审慎监管理念,全方位保障区域金融安全。建立良好的金融生态,直接关系到一个地区经济发展方式转型和跨越式发展的战略问题。金融业作为服务业,具有很强的流动性、开放性、竞争性、效益性和风险性,其发展非常依赖于环境条件。因此,要十分重视政策环境、法律环境、人才环境、诚信环境等良好金融生态环境的营造。

(一)统筹做好区域金融安全工作

1. 做好逆周期风险监管与防控工作

要强化逆周期金融监管思路,针对金融体系固有的顺周期性,密切关注国内外经济金融形势,跟踪货币信贷和社会融资供给变化,做好逆周期风险监管与防控工作。引导银行业金融机构尽可能加强逆周期时对实体经济的支持。银行业金融机构在风险可控的前提下,盘活存量、用好增量,对陷入资金困境的企业分类对待,并实行有区别的信贷支持政策。对于资产质量优良、发展前景较好的企业,尽可能加大流动性支持力度;对于暂时性的流动性困难的企业,要确保资金的供给以帮助企业渡过难关;对于生产经营状况一般的企业,尽可能做到不抽贷、不压贷,不附加其他担保条件。同时,重视金融产品和金融服务创新,降低信贷融资成本,提供多样化的可供选择的金融服务。

2. 提高民营企业自身抗风险能力,通过抱团结盟掌握银企合作主动权

民营企业是债务风险化解的源动力。一方面,要重视项目优化,提升企业核心竞争力,尽力降低企业运营成本;另一方面,要推动融资工具的创新,推进通过股权、知识产权等非货币方式进行融资。企业还可以尝试通过抱团结盟、设置应急转贷基金的方式,提升对银行谈判筹码,推动良好银企合作机制的形成。

3. 做好区域主要金融风险的防范化解工作

要重视对系统性重要风险的实时监控,防止区域信贷、区域投资过度集中于某一行业或者某一区域,关注区域内具有系统性影响的骨干企业财务风险、金融风险,引导新的金融形态合规发展并关注其潜在风险。地方政府要高度重视区域性金融风险的防范和地方不良资产的处理,以金融办等职能部门联合当地的人民银行、中国银行保险监督管理委员会等金融监管机构,成立专门的维护金融稳定工作小组,构建银企有效沟通平台,并设置化解地方金融风险的专门机构。采取有效的措施加强对地方政府债务风险、民营企业资金链风险和互联网金融风险的管理及动态监控(包括债务的来源和所筹资金的项目使用情况等)。完善地方政府的债务风险预警体系,构建覆盖负债率、债务率和偿债率等的债务风险指标。引导化解不良存量资产,盘活次级类和可疑类存量债务。成立地方性资产管理公司,负责对不良资产进行收购和处置。鼓励民间资本及外资参股或者组建民营资产管理公司。通过企业兼并重组、债转股、信贷资产证券化等方式,处置次级和可疑的存量债务。建立防控政府性债务风险、民营企业债务风险等的常态、长效机制,科学规划政府性投资项目并开展投资绩效评估,规范政府新型融资手段,推动融资平台转型重组。

4. 完善区域金融监管

一是完善地方金融监管的法律法规,加强顶层设计。完善地方金融监管法,明确地方金融监管的法律依据和职责范围,进一步明确监管对象、监管职责和法律责任等;建立科学完善的地方金融执法管理体系,切实堵塞执法漏洞;加强基层执法队伍建设,加强金融和法律知识相关培训教育,打造一支专业化、复合型的地方金融监管执法队伍。二是推进地方金融监管协调机制的完善。强化金融监管部门指导,建立与地方金融监管部门的日常协作机制;完善部门联动机制,加强政银企合作,拓宽信息供给渠道,共同推进监管执法;加强区域内金融协同监管,建立地方金融办、人民银行、银保监局、证监局等联席会议制度,建立风险监测、预警、防范与应对联动机制,打好防范化解金融风险攻坚战。三是强化地方金融日常监管。突出事前防范,及时研判区域金融机构发展业态,加强金融风险意识宣传教育;加强事中监管,完善地方性金融风险监控体系,实施有效预警,推动"穿透式"监管;强化事后监管,关注地方金融机构内控情况、业务合规性等,加强乱象整治,严厉打击违法违规金融活动。

(二)加强地方政府性债务风险管理

地方政府债务问题形成原因复杂、道德风险巨大、解决难度极大,必须高度重视,并积极推动解决。要从根本上理顺政府投融资体制,政府融资和政府投资两手都要抓、两手都要硬,积极探索建立地方政府规范、透明、长效的融资渠道,形成良性可持续的投融资激励与约束机制。

1. 推动地方政府政绩考核体制的转变

调整以经济增长速度为主要考核指标的现状,探索以经济、政治、文化、社会、生态文明建设及党建等方面的成就作为评价地方政府官员政绩的标准。针对不同地区、不同层级领导班子和领导干部的职责要求,考虑设置各有侧重、各有特色的考核指标。树立科学的发展观和政绩观,全面地、历史地、辩证地评价领导班子和领导干部的政绩。

2. 完善地方政府债券发行和管理机制,创新债券发行方式

通过债券发行"开前门",一方面能够更好地匹配城市化进程中的长期资金需求,另一方面能够通过引入债券投资人实现债务风险分担。完善地方政府债券发行和管理机制,一是发挥地方政府债券融资主渠道作用。尽管各国基于自身差异化的财政体制与金融体制,形成了差异化的地方政府投融资模式,但从国际经验看,地方政府债券越来越成为众多地方政府最重要的融资渠道。二是加快完善地方政府债券发行管理机制。结合地方发展的现实情况,合理制定区域债券发行规划,对债券发行定价、交易、偿还及监督等各个环节进行科学规划,包括举债权的控制和发行规模的确定、市场准入的限制、信用评级体系、投资者保护机制、投资项目管理与评估、市场流动性的建立等。三是积极推进专项债券试点。在土地储备、收费公路专项债券等创新性债券品种规范发展基础上,进一步探索更多种类的项目收益专项债券。专项债券以特定项目的专项投资收益覆盖还本付息金额,能够有效保障地方政府在重点领域的融资需求。

3. 构建债务隐性风险防范机制,严格管控新型融资方式

从国际经验看,债务危机的发生大都是隐藏信息所致。与显性债务相比,隐性债务形式多样、底数不清,因此风险难以全面揭示,潜在的系统性风险更加巨大,容易导致风险防控无的放矢。对此,一是高度重视并加快出台隐性债务精细化管理措施,加紧摸清债务底数,尽快研究制定隐性债务的统一口径,并进行全面的摸底排查,甄别核实

隐性债务。隐性债务的认定应实行穿透式,实质大于形式。二是加强地方政府债务约束和债务管控,强化地方政府举债责任主体,打破"风险大锅饭"体制机制,明确坚持上级政府不救助原则,落实地方政府债务考核问责机制,完善地方政府性债务监管体系,加强多部门协调与配合,共同完善债务管理制度。三是落实地方政府性债务报告和公开制度,提高债务信息透明度,各级政府要定期将本级政府债务及项目建设情况向上级政府报告并逐步向社会公开。编制地方政府资产负债表,将负债及其偿还情况、资金使用效益等信息向公众公开,解决当前地方政府债务信息披露不全面、不规范及缺少有效监督等问题,以此进一步提高财政资金使用效率,严格落实地方政府债务问责机制,从而对防范债务风险起到积极作用。当然,化解隐性债务风险切不可操之过急,否则有可能加速风险暴露,不利于维护地方财政与金融安全。

4. 探索平台类企业自负盈亏机制,切实推动平台整合与转型

推动地方融资平台转型、控制地方融资平台相关政府性举债,是防范政府隐性债务的重要举措。对此,一是完善地方投融资平台法律法规,明确地方政府投融资平台的性质及其与地方政府的关系。二是加强融资平台整合重组,逐步减少融资平台数量,合并重组现有融资平台,建立有效的资产重组和后续管理机制,严格限制新融资平台的设立(包括完善设立地方融资平台的审批条件)。三是创新融资平台发展模式,引导未来融资平台业务发展,引导融资平台找到稳定可靠的业务来源。四是完善现代企业制度,落实融资平台独立法人地位,完善公司治理结构,实现市场化自主经营、自负盈亏。同时要注意,地方政府对地方投融资平台转型应当统筹规划、循序渐进,分清重点和难点、近期和远期,并充分考虑区域差异,避免一刀切。

5. 建立政府投资项目统筹规划机制,促进地方经济高质量发展

加强政府投资项目精细化管理,是推动地方政府投融资体制改革的关键环节,要确保债务资金合理使用,尽可能提高政府资金使用效率。一是加强投资项目科学决策和统筹规划,有效避免地方政府盲目建设、随意增减、重复建设,做到统筹规划和长远考虑,确保财政资金投到本地经济社会发展真正需要的项目中。二是严格落实项目实施责任,严把基础设施建设项目审核关,充分评估举债建设项目现金流,对项目市场前景和经济效益进行科学测算,充分考虑地方政府还款能力,项目单位严格按照项目批复要求落实建设资金来源。三是做好项目精细化管理,做到概算不超估算、预算不超概算、决算不超预算,并从严控制政府投资项目的工程变更和概算调整。四是重视项目高效推进,既要做深做细项目前期,深度论证项目可行性,又要对列入年度计划的政府投资项目严格规定开工时限要求,进一步加强政府投资项目计划管理及工程建设十大环节管理,督促建设单位严格落实内控管理制度。

三、推动完善社会信用体系

完善的社会信用体系是社会主义市场经济基础制度的重要组成部分,是实现资源优化配置、供需有效衔接的坚实基础,是规范市场经济秩序、降低交易成本、营造良好营商环境的关键举措,更是打造良好金融生态的必然之举。

(一)完善信用体系和信用平台,推动实现信用信息标准统一

信用价值的实现从根本上基于信用信息的归集、共享、公开和应用。当前社会信用体系仍存在信用信息分割分散、不同部门不同区域数据共享不足、信用信息平台数据挖掘应用不够、信用信息标准不统一等困境。要着力健全信用信息基础设施,完善优化信用信息归集使用流程。要编制完备的信用信息目录和数据清单,构建覆盖政府诚信、商务诚信、社会诚信和司法公信在内的全方位的信用体系。要依托全国信用信息共享平台和央行征信系统,整合地方信用平台,加快

推进信用信息数据共享,构建覆盖全国所有信用主体、所有信用信息类别、所有地区的信用信息网络。要创新发展信贷服务和产品,充分发挥信贷在经济社会活动中的促进作用。要制定覆盖不同区域、不同部门的统一的信用信息采集标准与信用信息分类管理办法,实现信用信息标准化的统一科学管理与应用。

(二)创新以信用为基础的新型监管机制,完善守信激励和失信惩戒机制

社会信用体系建设的初衷是通过有效监管在全社会形成诚信文化,守信激励与失信惩戒是以信用为基础的新型监管机制的重要手段。但在实际操作中,仍然存在守信激励发展滞后、失信惩戒泛化偏颇等不完善的应用方式。要健全并全面推广信用承诺制,进一步降低市场主体交易成本与制度成本。要推进实施信用分级分类监管,基于市场主体不同的信用信息采取差别化的信用监管,重视加强对失信主体的信用监管,形成覆盖全链条的闭环式智慧型监管机制。要健全完善信用奖惩机制,创新性探索信用评分、信用评级等层级划分具体方法,提升信用良好企业的获得感,对失信主体实施合理有效的惩戒。要遵循适度审慎的原则,科学设立奖惩标准,避免信用概念泛化或者恶意扩大失信惩戒范围。要建立健全信用修复机制,加强顶层设计,明确信用修复资格的条件与内容,扩大信用修复的渠道,探索实施培训、公益活动等信用修复的具体的、可操作的方式方法。

(三)坚持"政府+市场"双轮驱动发展模式,更好发挥政府作用,充分发挥市场的决定性作用

社会信用体系本身即为国家治理体系和治理能力现代化的重要内容,要重视发挥各级政府在信用体系建设中的引领性、引导性作用。要坚持和加强中国共产党对信用体系建设工作的领导,成立各级政府工作领导小组,推进跨部门跨地区联席会议。要加大政策支持力度,明确财政资金的政策支持,发挥政府资金对社会资本的引导作用。专

业信用服务机构作为社会信用体系建设的重要市场主体,在促进我国社会信用体系建设中具有重要作用。要去除征信等领域存在的不合理准入限制,充分调动各类主体参与市场的积极性、创造性。要扶持征信、评级、担保、咨询等相关市场主体发展,培育具有国际竞争力的市场化信用服务机构,实现政府公共信用服务机构和市场化信用服务机构等市场主体多元化发展,形成信用信息的基础服务与增值服务互为补充的市场格局。要重视清理整顿信用服务市场中存在的恶性竞争、恶意评级、公信力不足等不规范问题,规范信用服务市场发展秩序。

(四)推进社会信用体系数字化转型,推动数字经济与社会信用体系融合发展

数字经济时代,经济社会活动模式、场景不断向数字空间迁移,信用信息碎片化、网络化特征更加明显,市场主体无序扩张和野蛮生长等现象时有发生,社会信用体系的运行基础和运行环境发生了深刻变化,传统社会信用体系建设的局限性不断显现。要以技术与数据为双重核心驱动,实现数字化为社会信用体系建设赋能。要探索数字经济运行过程中海量数据的信用信息生成机制,注重针对信用主体碎片化信息的数据挖掘与结构化处理,实现不同来源数据信息的归集关联,推动信用信息处理的智能化,探索针对特定主体的"信用画像"。要积极推动大数据、区块链、云计算、人工智能等新技术的发展,探索新技术在信用数据管理、信用产品服务等方面的应用,尤其要重视依托数字技术构建新的信任机制,实现数据信息的去中心化、匿名性、不可篡改等。

(五)以法治推动中国特色社会主义信用体系建设,实现社会信用体系建设有法可依

社会信用体系建设涉及面广,是一项长期的、复杂的系统性社会工程,要以法律法规为依据,切实解决当前建设中的痛点和难点问题。

实际上,自从党的十六届三中全会提出信用体系建设以来,国家层面高度重视社会信用体系建设,相关部门、地区积极推进,中国特色社会主义社会信用体系在信用立法、平台技术、信用应用、诚信文化等诸多方面都取得显著进展,在长期的社会实践过程中形成了信用监管、信用奖惩等一系列有效举措。要进一步将这些经验举措上升为法律法规,确保信用信息主体权益得到有效保护。2022年11月,《中华人民共和国社会信用体系建设法(向社会公开征求意见稿)》正式向社会公开,这是我国社会信用体系建设的一部基础性法律。要在此基础上加快我国社会信用体系建设法的立法进程,尤其要重视信用体系建设的顶层立法,实现不同区域不同部门的信用规范与统筹协调。

结　语

　　2017年7月,习近平总书记在第五次全国金融工作会议上指出,"金融是国家重要的核心竞争力,金融安全是国家安全的重要组成部分,金融制度是经济社会发展中重要的基础性制度"①。在2023年中央金融工作会议上,习近平总书记强调,"要加快建设金融强国,完善金融体制,优化金融服务,防范化解风险,坚定不移走中国特色金融发展之路,推动我国金融高质量发展,为以中国式现代化全面推进强国建设、民族复兴伟业提供有力支撑"②。

　　近年来,浙江省深入贯彻落实党中央、国务院金融工作决策部署,推进金融供给侧结构性改革,实施融资畅通工程,建设新兴金融中心,全力打好防范化解重大金融风险攻坚战,加快建设金融强省,促进经济金融良性循环健康发展。《浙江省金融业发展"十四五"规划》提出,要围绕服务新发展格局,基本建成高端资源集聚的金融服务战略支点、内外循环相互促进的金融要素配置枢纽,打造金融高质量发展强省和区域金融现代治理先行示范省。浙江省要以金融强省为目标,在金融发展中牢牢把握"为实体经济服务"的宗旨,更好统筹发展和安全,推动金融发展更加扎实、稳健、高效,为深入实施"八八战略"提供有力的金融支持,大力推进创新深化改革攻坚开放提升三大"一号工程",为以"两个先行"打造"重要窗口"提供有力的金融支撑。

---

① 习近平:深化金融改革　促进经济和金融良性循环健康发展[N].人民日报,2017-07-16.
② 中央金融工作会议在北京举行[N].人民日报,2023-11-01.

　　近年来，浙江省金融业高质量发展强省建设的成果主要体现在以下三个方面：一是金融产业实力迈上新台阶。浙江省贯彻落实党中央、国务院金融工作的相关决策部署，持续深化金融供给侧结构性改革，推动新兴金融中心建设，全方位深化地方金融改革试点工作，依托特色金融小镇打造钱塘江金融港湾，推动了金融产业的稳健发展，在金融强省的建设中走在全国前列，金融产业实力强和服务实体经济能力强的大金融产业格局基本形成。二是金融服务实体经济质效显著增强。浙江通过率先实施融资畅通工程和"凤凰行动"计划等，将更多金融资源配置到经济社会发展的重点领域和薄弱环节，更好地满足实体经济多元化的金融需求。从社会融资规模数据看，自有统计数据以来，浙江省社会融资规模从 2013 年底的 8345 亿元增长到 2022 年底的 34921 亿元。截至 2022 年末，全省共有境内外上市公司 825 家，总市值超过 10 万亿元，累计通过境内外资本市场募集资金 2.2 万亿元，有效发挥了经济发展"基本盘"和"压舱石"作用。三是金融生态环境安全稳定。按照党中央确立的"稳定大局、统筹协调、分类施策、精准拆弹"的基本方针，浙江省在经济金融改革发展中比较妥善地化解了各类先发早发、集中出现的金融风险。无论是地方政府债务风险还是民营企业信用风险、流动性风险等金融风险都得到了有效缓解。当前，浙江省金融风险整体收敛、总体可控，区域金融安全得以有效维护。

　　浙江省正处于深化地方金融与改革、加快建设金融强省的关键时期，在取得显著成绩的同时，也逐步暴露其风险。如何更好地发挥政府的作用，推动地方金融改革的深化，并且对金融风险进行有效的防范和化解，成为各界普遍关注的问题。金融市场固有的失灵使得地方政府的行政干预成为必要，而发展中国家更需要重视的是如何把握干预的界限和力度。实际上，地方政府参与区域金融发展的正面和反面效应是并存的，不同经济发展阶段正反效应的此消彼长反映了政府成本收益的变化，因此地方政府的作用界定也应视不同发展阶段而进行动态调整。在转轨初期,地方政府对区域金融发展的干预为地方经济发展提供了强有力的金融支持。伴随经济发展,当过多消极因素逐渐积累直至占据上风时,政府就应该逐步退出市场,更好发挥市场在金融资源配置中的决定性作用。

参考文献

外文文献

[1] Allen F, Gale D, 2000. Financial contagion[J]. Journal of Political Economy, 108: 1-33.

[2] Amore M D, Schneider C, Aldokas A, 2013. Credit supply and corporate innovation[J]. Journal of Financial Economics (3): 835-855.

[3] Aziz J, Duenwald C, 2002. Growth financial intermediation nexus in China[C]. IMF Working Paper.

[4] Beck T, Demirgü-Kunt A, Levine R, 2002. Law and finance: why does legal origin matter? [J]. Journal of Comparative Economic(31): 653-675.

[5] Beck T, Levine R, Loayza N, 2000. Finance and the sources of growth[J]. Journal of Financial Economics(58): 261-300.

[6] Bencivenga V R, Smith B D, Start R M, 1995. Transactions costs, technological choice, and endogenous growth[J]. Journal of Economic Theory(67): 153-177.

[7] Carlino G, DeFina R, 1998. The differential regional effects of monetary policy[J]. Review of Economics & Statistics (4): 572-587.

[8] Diamond D W, Dybvig P H, 1983. Bank runs, deposit insurance, and liquidity[J]. Journal of Political Economy (3):

401-419.

[9] Gehrig T, 2000. Cities and the geography of financial centers [M]//Thisse J, Huriot J-M. (eds.). The Economics of Cities. Cambridge: Cambridge University Press.

[10] Goldsmith R W, 1969. Financial Structure and Development [M]. New Haven: Yale University Press.

[11] Greenwood J, Jovanovic B, 1990. Financial development, growth, and the distribution of income[J]. Journal of Political Economy(5): 1076-1107.

[12] Greenwood J, Smith B, 1997. Financial markets in development and the development of financial markets [J]. Journal of Economic Dynamics and Control(1): 145-181.

[13] Gurley J G, Shaw E S, 1955. Financial aspects of economic development[J]. The American Economic Review(4): 515-538.

[14] Hellman T K, Murdock K C, 1996. Deposit mobilisation through financial restraint [C]//Lensink H. Financial Development and Economic Growth: Theory and Experiences from Developing Countries. London and New York: Routledge.

[15] Hellmann T, Murdock K, Stiglitz J, 1997. Financial Restraint: Towards a New Paradigm[M]. Oxford: Clarendon Press.

[16] Jeanneney S G, Hua P, Liang Z, 2006. Financial development, economic efficiency, and productivity growth: evidence from China[J]. The Developing Economies(1): 27-52.

[17] Kindleberger C P, 1973. The Formation of Financial Centers: A Study of Comparative Economic History[M]. Cambridge: MIT Press.

[18] King R G, Levine R, 1993. Financial, entrepreneur and growth: theory and evidence [J]. Journal of Monetary

Economics(3)：513-542.

[19] La Porta R，Lopez-De-Silanes F，Shleifer A，et al.，1997. Legal determinants of external finance[J]. The Journal of Finance(3)：1131-1150.

[20] Laulajainen R，1998. Financial Geography[M]. Goteborg：School of Economic and Commercial Law.

[21] Levine R，1991. Stock markets，growth，and tax policy[J]. Journal of Finance(4)：1445-1465.

[22] Levine R，1996. Financial development and economic growth：views and agenda[J]. Journal of Economic Literature（2）：688-726.

[23] Levine R，Louyza N，Beck T，2000. Financial international and growth：causality and cause[J]. Journal of Monetary Economics (46)：31-77.

[24] Luintel K B，Khan M，1999. A quantitative reassessment of the finance-growth nexus：evidence from a multivariate VAR [J]. Journal of Development Economics(60)：381-405.

[25] Maskus K E，Neumann R，Seidel T，2012. How national and international financial development affect industrial R&D[J]. European Economic Review(1)：72-83.

[26] Mckinnon R I，1973. Money and Capital in Economic Development[M]. Washington：Brookings Institution.

[27] Merton R C，Bodie Z，1992. On the management of financial guarantees[J]. Financial Management(21)：87-109.

[28] Park Y S，Essayyad M，1989. International Banking and Financial Centers[M]. Amsterdam：Kluwer Academic Publishers.

[29] Patrick H T，1966. Financial development and economic growth in underdeveloped countries[J]. Economic Development

and Cultural Change(14)：174-189.

［30］Philippe A，Peter H，David M F，2005．The effect of financial development on convergence：theory and evidence［J］．Quaterly Journal of Economics(1)：173-222.

［31］Porteous D，1999．The development of financial centres：location，information externalities and path dependency［M］// Martin R．Money and the Space Economy．New York：Wiley.

［32］Rajan R G，Zingales L，1998．Financial dependence and growth ［J］．American Economic Review(3)：559-586.

［33］Saint-Paul G，1992．Technological choice，financial markets and economic development［J］．European Economic Review (36)：763-781.

［34］Schumpeter J A，1912．The Theory of Economy Development ［M］．Cambridge：Harvard University Press.

［35］Scott I，1955．The regional impact of monetary policy［J］． Quarterly Journal of Economics(69)：269-284.

［36］Shaw E，1973．Financial Deepening in Economic Development ［M］．Oxford：Oxford University Press.

［37］Solow R M，1957．Technical change and the aggregate production function［J］．Review of Economics and Statistics (39)：312-320.

中文文献

［1］白钦先，姚勇，崔满红，等，2001．金融可持续发展理论研究导论 ［M］．北京：中国金融出版社.

［2］陈先勇，2006．中部崛起的金融支撑研究［J］．科技进步与对策 (10)：166-169.

［3］陈雨露，马勇，2013．大金融论纲［M］．北京：中国人民大学出版社.

[4] 崔兵,2013.政府在科技金融发展中的作用:理论与中国经验[J].中共中央党校学报(2):87-90.

[5] 邓薇,吕勇斌,赵琼,2015.区域金融集聚评价指标体系的构建与实证分析[J].统计与决策(19):153-155.

[6] 董建卫,王晗,施国平,等,2018.政府引导基金参股创投基金对企业创新的影响[J].科学学研究(8):1474-1486.

[7] 樊向前,范从来,2016.城市金融竞争力影响因素和评估体系研究:基于金融地理学的信息视角[J].江苏社会科学(2):37-46.

[8] 郭兵,罗守贵,2015.地方政府科技资助是否激励了企业的科技创新?——来自上海企业数据的经验研究[J].上海经济研究(4):70-78,86.

[9] 国丽娜,2015.促进科技和金融结合试点的实践浅析及启示[J].中国科技论坛(9):109-114.

[10] 黄解宇,2011.金融集聚的内在动因分析[J].区域金融研究(3):26-30.

[11] 黄解宇,杨再斌,2006.金融集聚论:金融中心形成的理论与实践解析[M].北京:社会科学出版社.

[12] 黄湘雄,吕玉红,2004.广东区域金融发展实证研究[J].南方金融(9):22-24,10.

[13] 蒋三庚,宋毅成,2014.金融的空间分布与经济增长[J].经济学动态(8):97-104.

[14] 焦跃华,黄永安,2014.风险投资与公司创新绩效:基于创业板公司的经验分析[J].科技进步与对策(10):84-89.

[15] 黎文靖,程敏英,黄琼宇,2012.地方政府竞争、企业上市方式与政企间利益输送:来自中国家族企业上市公司的经验证据[J].财经研究(9):27-36,47.

[16] 李苗苗,肖洪钧,赵爽,2015.金融发展、技术创新与经济增长的关系研究:基于中国的省市面板数据[J].中国管理科学(2):

162-169.

[17] 李萍,2009.地方政府债务管理:国际比较与借鉴[M].北京:中国
财政经济出版社.

[18] 林春,2016.金融发展、技术创新与产业结构调整:基于中国省际
面板数据实证分析[J].经济问题探索(2):40-48.

[19] 林毅夫,孙希芳,姜烨,2009.经济发展中的最优金融结构理论初
探[J].经济研究(8):4-17.

[20] 刘静静,蒋涛,2015.中国区域金融发展对区域经济增长的支撑
效应研究[J].经济论坛(8):56-61.

[21] 刘立霞,2017.我国科技金融效率研究:基于 DEA-Malmquist 模
型分析[J].天津商业大学学报(3):27-32.

[22] 刘仁伍,2003.区域金融结构和金融发展理论与实证研究[M].北
京:经济管理出版社.

[23] 刘湘云,杜金岷,2005.区域金融结构与经济增长的相关性研究
[J].武汉大学学报(哲学社会科学版)(3):312-317.

[24] 卢峰,姚洋,2004.金融压抑下的法治、金融发展和经济增长[J].
中国社会科学(1):42-55,206.

[25] 罗纳德·麦金农,1993.经济自由化的顺序:向市场经济过渡中
的金融控制[M].李若谷,吴红卫,译.北京:中国金融出版社.

[26] 麦勇,2004.金融自由化进程中的区域金融比较研究[D].西安:
西北大学.

[27] 潘英丽,2003.论金融中心形成的微观基础:金融机构的空间聚
集[J].上海财经大学学报(1):50-57.

[28] 冉光和,张冰,庞新军,2013.金融发展、外商直接投资与企业研
发投入:基于我国省级面板数据的实证研究[J].经济经纬(2):
121-126.

[29] 师荣蓉,任保平,鲁璐,2017.中国金融业增长质量的时序变化与
地区差异[J].金融经济学研究(3):56-65.

[30] 施国平,党兴华,董建卫,2016.引导基金能引导创投机构投向早期和高科技企业吗? ——基于双重差分模型的实证评估[J].科学学研究(6):822-832.

[31] 孙国茂,范跃进,2013.金融中心的本质、功能与路径选择[J].管理世界(11):1-13.

[32] 孙婷,温军,秦建群,2011.金融中介发展、政府干预与企业技术创新:来自我国转轨经济的经验证据[J].科技进步与对策(10):75-79.

[33] 孙雪芬,2018.政府引导型区域科技金融体系构建:基于杭州未来科技城实践的研究[J].治理研究(4):59-66.

[34] 孙雪芬,2019.习近平关于金融工作的重要论述及其当代价值[J].江淮论坛(5):26-31,56.

[35] 谭朵朵,2012.金融集聚的演化机理与效应研究[D].长沙:湖南大学.

[36] 陶锋,胡军,李诗田,等,2017.金融地理结构如何影响企业生产率? ——兼论金融供给侧结构性改革[J].经济研究(9):55-71.

[37] 王淑英,屈莹莹,2017.国家中心城市的金融集聚对经济效率的影响研究[J].工业技术经济(8):3-10.

[38] 王永中,2011.中国外汇储备的构成、收益与风险[J].国际金融研究(1):44-52.

[39] 吴滨,李平,朱光,2018.科创中心与金融中心互动典型模式研究[J].中国科技论坛(11):26-34,52.

[40] 祥毅,2003.金融协调的若干理论问题[J].经济学动态(10):36-38.

[41] 向琳,2015.经济新常态下区域金融发展质量动态比较与借鉴[J].金融与经济(8):22-25,21.

[42] 谢婷婷,任丽艳,2017.技术创新、金融创新与经济增长:基于中国省际面板数据[J].工业技术经济(11):110-117.

［43］许泽想,张龙,2023.区域金融发展对经济增长影响机制的"非线性"迁移特征分析［J］.经济问题探索(5):113-125.

［44］亚当·斯密,1972.国民财富的性质和原因的研究(上卷)［M］.郭大力,王亚南,译.北京:商务印书馆.

［45］余泳泽,2011.创新要素集聚、政府支持与科技创新效率:基于省域数据的空间面板计量分析［J］.经济评论(2):93-101.

［46］曾胜,卜政,2017.我国公共科技金融发展评价及区域差异研究［J］.重庆工商大学学报(社会科学版)(4):29-36.

［47］张彩江,李艺芳,2017.金融集聚对区域创新能力的影响及地区差异:基于广东省21个地级市的空间计量分析［J］.科技管理研究(7):12-18.

［48］张军洲,1995.中国区域金融分析［M］.北京:中国经济出版社.

［49］张学勇,张叶青,2016.风险投资、创新能力与公司IPO的市场表现［J］.经济研究(10):112-125.

［50］赵昌文,陈春发,唐英凯,2009.科技金融［M］.北京:科学出版社.

［51］赵雯,李华,田新,2014.我国金融产业集聚区域差异与影响因素分析:基于68个市级面板数据［J］.金融经济(16):27-30.

［52］中国社会科学院经济体制改革30年研究课题组,2008a.论中国特色经济体制改革道路(上)［J］.经济研究(9):4-15,45.

［53］中国社会科学院经济体制改革30年研究课题组,2008b.论中国特色经济体制改革道路(下)［J］.经济研究(10):26-36.

［54］周建松,姚星垣,2011.论构建"123355"浙江现代金融服务体系［J］.浙江金融(7):13-17.

［55］周业安,赵坚毅,2004.市场化、经济结构变迁和政府经济结构政策转型:中国经验［J］.管理世界(5):9-17,155.

［56］邹小芃,叶子涵,杨亚静,2018.文化资本、制度环境对区域金融中心的影响［J］.经济地理(4):73-80.